Gotthard Breit / Georg Weißeno

Planung des Politikunterrichts

Eine Einführung

Gotthard Breit / Georg Weißeno

Planung des Politikunterrichts

Eine Einführung

WOCHENSCHAU VERLAG

Bibliografische Information der Deutschen Bibliothek
Die Deutsche Bibliothek verzeichnet diese Publikation in der Deutschen Nationalbibliografie; detaillierte bibliografische Daten sind im Internet über http://dnb.ddb.de abrufbar.

Umschlag: Ohl Design

Gedruckt auf chlorfreiem Papier
Printed in Germany
ISBN 3-87920-270-2

Inhalt

Vorwort 7
Einleitung 9

I. Fünf politikdidaktische Module der Unterrichtsplanung 13
1. Modul 1: Analyse des Gegenstandsbereichs 13
   1.1 Erschließung des Gegenstandsbereichs 14
   1.2 Suchinstrumentarium für den Gegenstandsbereich 18
   1.3 Strukturierung des Inhalts 20
   1.4 Urteilskriterien 25
   1.5 Der Gegenstandsbereich im Implikationszusammenhang 27
2. Modul 2: Politikdidaktische Perspektiven 29
   2.1 Begriffsklärung 29
   2.2 Auswahl einer politikdidaktischen Perspektive 31
   2.3 Formulierung des Themas 32
   2.4 Grundintentionen im Politikunterricht 32
   2.5 Die politikdidaktischen Perspektiven im Implikationszusammenhang 36
3. Modul 3: Bedingungsanalyse 38
   3.1 Kenntnisse und Einstellungen der Schülerinnen und Schüler 38
   3.2 Lernpsychologische Momente in der Bedingungsanalyse 41
   3.3 Das Alltagswissen der Schülerinnen und Schüler 43
   3.4 Der Lehrende als Teil der Bedingungsanalyse 44
   3.5 Der Lehrende als Beamter 47
   3.6. Die Bedingungsanalyse im Implikationszusammenhang 48
4. Modul 4: Ziele 50
   4.1 Allgemeine Zielsetzungen im Politikunterricht 50
   4.2 Bürgerrollen und -leitbilder als Ziele des Politikunterrichts 51
   4.3 Politikdidaktische Unterrichtsprinzipien 58
   4.4 Zielüberlegungen und Zielformulierung 59
   4.5 Richtlinien und Lehrpläne 63
   4.6 Die Ziele im Implikationszusammenhang 68
5. Modul 5: Methoden und Medien 68
   5.1 Erwartungen an Methoden und Medien 68
   5.2 Methoden und Medien im Implikationszusammenhang 70

5.3 Methoden und Arbeitstechniken 72
5.4 Fallanalyse 77
5.5 Lernwege 79
5.6 Lernebenen im Politikunterricht 82
5.7 Unterrichtsmedien 84

II. Planungen am Beispiel „Rentenreform" 89
6. Überlegungen zum Gegenstandsbereich 91
6.1 Eindenken in den Gegenstandsbereich 91
6.2 Eindenken in die aktuellen politischen Vorgänge 94
7. Die Entwicklung von politikdidaktischen Perspektiven 97
7.1 Grundintention Politisches Lernen 97
7.2 Grundintention Soziales Lernen 102
7.3 Grundintention Lebenshilfe 103
7.4 Auswahl und Begründung einer politikdidaktischen Perspektive 103
8. Klärung der Unterrichtsbedingungen 106
8.1 Beschreibung der (fiktiven) Klasse 10 106
8.2 Beziehung der Klasse zum Thema 107
8.3 Unterschiedliche Interessen von Lehrenden und Lernenden 109
9. Ziele der Unterrichtseinheit 111
9.1 Urteilsaufgabe 111
9.2 Erwerb von Kompetenzen 112
9.3 Orientierung an Unterrichtsprinzipien 114
10. Entscheidungen über die Darbietung der Inhalte 115
10.1 Methoden 115
10.2 Arbeitstechniken und Lernebenen 116
10.3 Medien und Unterrichtsprinzipien 117
11. Zum Verhältnis von Planung und Plan 119

III. Plan einer Unterrichtseinheit zur Riester-Rente 122
12. Der additive, der integrierte und der synoptische Plan 122
13. Plan einer Unterrichtseinheit 126
14. Materialien für die Unterrichtseinheit 135

Abschließende Gedanken zur Unterrichtsplanung im Schulalltag 144
Literaturverzeichnis 147

Register 151

Vorwort

Das Buch will in das fachspezifische Planungsdenken bei der Vorbereitung von Politikunterricht einführen. Es zeigt Möglichkeiten auf, den Implikationszusammenhang von politikdidaktischen Perspektiven, Zielen, Methoden, Bedingungen, Medien und Inhalten zu durchleuchten, zu strukturieren und in einem konkreten Plan abzuarbeiten. Da Planung niemals linear und subjektunabhängig erfolgt, sondern ein Prozess ist, in dem immer mehr Deutungsschichten mit den vorhandenen Kompetenzen aufgebaut werden, ist es nicht möglich eine „kopierfähige" Anleitung zu schreiben. Wir geben keine „Rezepte", sondern Anregungen für die eigene Praxis. Die aufgezeigten Planungsüberlegungen und -entscheidungen sollen bei der Entwicklung eigener Unterrichts- oder Stundenentwürfe nützlich sein. Der Aufbau des Buches orientiert sich bewusst an der Ausbildungspraxis in Universitäten und Studienseminaren. Auf der Basis der fachdidaktischen Literatur zur Unterrichtsplanung, eigener veröffentlichter Unterrichtsmodelle und zahlreicher „guter" und „schlechter" Pläne von Berufsanfängern aus unterschiedlichen Institutionen haben wir uns in die „Problemzonen" der Unterrichtsplanung eingearbeitet, um diese einführende Handreichung zu entwickeln.

Das Buch setzt Grundkenntnisse der Politikdidaktik voraus und knüpft an ihnen an. Der aktuelle Stand der Theoriebildung wird nicht referiert. Er ist selbstverständliche Grundlage, nicht mehr Gegenstand dieser Einführung. Wir wollen in das Zusammendenken der Implikationen bei der Planung von Politikunterricht einführen und dies an einem konkreten Beispiel verdeutlichen. Dabei folgen wir Überlegungen, die von der normativ-empirischen Politikdidaktik erarbeitet worden sind. Die Einführung bereichert nicht die politikdidaktische Theoriebildung, erteilt keine Meisterlektionen und stellt keinen Meisterplan vor, sondern will durch die Reflexion der Unterrichtsvorbereitung die Planungskompetenz der Politiklehrerinnen und -lehrer dauerhaft verbessern helfen.

Dieses Buch wendet sich zunächst an all jene, die freiwillig oder gezwungen einen schriftlichen Plan für eine Unterrichtseinheit oder -stunde im Politikunterricht vorlegen müssen. Der Berufsanfängerin und dem Berufsanfänger empfehlen wir die Lektüre des ganzen Buches; der erfahrene Lehrer wird sich jene Kapitel heraussuchen, die er im Prozess der Professionalisierung noch nicht hinreichend wahrgenommen hat und daher vertiefen möchte. Der Fachleiter schließlich, der einen schriftlichen Plan zu beurteilen hat, kann mit Hilfe dieses Buches seine Anforderungen und Kriterien überprüfen.

Die drei Teile können in Einzellektüre oder Kleingruppenarbeit durchgearbeitet werden. Eine Gesprächspartnerin oder ein Gesprächspartner ist in der Vorbereitungstätigkeit bei der geistigen Aneignung und kritischen Auseinandersetzung mit dem Text immer hilfreich. Hinweise und Übersichten sollen das Lernen erleichtern. Kerstin Pohl und Ursula Buch haben das Buch vor der Drucklegung durchgesehen und zahlreiche Hinweise gegeben. Ihnen gilt unser Dank. Möge das Buch die fachdidaktische Phantasie vieler Politiklehrerinnen und -lehrer anregen, ihre planerische Kreativität freilegen und so ihren Schülerinnen und Schülern zu einem guten Politikunterricht verhelfen.

Magdeburg/Karlsruhe, November 2001
Gotthard Breit/Georg Weißeno

Einleitung

Von der politikdidaktischen Theorie zu einem schriftlichen Plan für eine Unterrichtseinheit ist es weit. Insbesondere Berufsanfängerinnen und -anfänger verirren sich auf dem Weg dahin oder finden erst gar nicht den Einstieg. Wir wollen zeigen, wie man sich bei der Planung verschiedene Wege zu einer Einheit bzw. einer Stunde erschließen und sich dann begründet für einen entscheiden kann. Niemand kann der Politiklehrerin bzw. dem Politiklehrer die Planungsentscheidungen und deren Ausgestaltung abnehmen. Kein neuer (Pseudo-)Leitfaden mit Vorlagen aus dem grauen Markt der „Meisterlehren“, aber auch keine vier oder fünf vorgefertigten Lernwege können sie/ihn von eigenständigen Denkleistungen befreien. Und das ist auch gut so. Wer sich als Politiklehrerin oder -lehrer von Vordenkern abhängig macht, wird seine Schülerinnen und Schüler nicht zum selbstständigen politischen „Sehen, Beurteilen, Handeln“ befähigen können.

Viele Lehrerinnen und Lehrer erinnern sich ungern an ihre Praktika während ihrer Studienzeit und an ihr Referendariat. Als besonders belastend sahen sie die Aufgabe an, eine Unterrichtsstunde oder eine Unterrichtseinheit schriftlich zu planen. Dabei gibt die schriftliche Darstellung „nur“ das Ergebnis des Planungsprozesses wieder, nicht aber die mehrfachen gedanklichen Durchgänge, die den Planungsprozess ausmachen. Zwei Fachleiter für Politik beschreiben die Schwierigkeiten und den Nutzen der Unterrichtsplanung aus der Sicht von Ausbildern folgendermaßen:

Fachleiter C:

Ich kann aber nie eine Einzelstunde planen, ich kann sie nie konzipieren, ohne dass ich auch die Reihe im Kopf habe, das ist ja immer sehr interdependent. Ich würde auch nicht so bei der Unterrichtsstunde anfangen. Die didaktischen Kriterien sind ja doch, sage ich einmal, in jedem Kopf eines jeden Lehrers, auch wenn sie chaotisch sind. Ich denke, dass ich dort ansetze, wo der Kopf des Referendars gerade steht, das kann bei Zielsetzungen sein, dass der Referendar sagt, ich möchte gern dieses oder jenes erreichen, zielmäßig. Es kann aber auch bei einer Methode sein, dass der Referendar sagt, also mir schwebt vor, dass die Schüler rauskommen aus ihrer passiven Haltung, das schwebt mir einfach diffus vor. Ich frage dann weiter, was könnte man machen, um zu sinnvollen methodischen Entscheidungen zu kommen und wie müssten die wiederum umgesetzt werden. Ich halte es für wichtig, dass dann auch grundsätzliche theoretische Überlegungen über Unterricht an bestimmten Stellen greifen, das kann wiederum das Methodische sein, das kann das Mediale sein, da kann das Didaktische im engeren Sinne gemeint sein.

Fachleiter D:

Ich zeige ihnen den Unterricht eines Routiniers, d.h. also ich zeige ihnen den Unterricht aufgrund einer minimalen schriftlichen Unterrichtsvorbereitung, ich zeige ihnen auch meine Alltagsunterrichtsvorbereitung, ich erläutere ihnen auch meine Durchführung und ihnen wird dabei schon klar werden, dass das der Unterricht eines Routiniers ist, aber ich bemerke, dass das nichts Abschreckendes hat. Wenn ich ihnen klar machen kann, wie sie durch übergenaue Vorbereitung, schriftliche und mündliche Vorbereitung, die der Routinier gar nicht mehr so macht, durch übergenaue Vorbereitung einmal zu ähnlichen Erfolgen kommen können und dass sie dann auf die ganzen Vorbereitungsüberlegungen, Bedingungsanalyse, Sachanalyse, didaktische Analyse, Teilentscheidungen über Medien und Methoden und Einstiege und über Impulsformulierungen, dass sie dann auf solche Kleinarbeit eines Tages souverän verzichten können und ihnen das in den Kopf kommt, wenn sie in der Situation sind. Dann werden sie mir das auch so abnehmen. Ich versuche ihnen auch immer klar zu machen, dass eine sehr ausführliche Vorbereitung notwendig ist, um sich davon eines Tages souverän, unabhängig zu machen.

Die Fachleiter weisen darauf hin, dass das Planungsdenken und -handeln zunächst „chaotisch" verläuft, dass an unterschiedlichen Planungselementen angesetzt wird, dass der Lehrer oder die Lehrerin aber „durch übergenaue Vorbereitung zu Erfolgen kommen kann" und dass „eine sehr ausführliche Vorbereitung notwendig ist, um sich eines Tages unabhängig zu machen". In der Politikdidaktik wird dies als *zirkuläres Denken* bei der Unterrichtsplanung bezeichnet (Gagel 1983, 241 f.; Ackermann u.a. 1994, 45 ff.). Die Entscheidungen über politikdidaktische Perspektive, Ziele, Inhalte, Methoden und Medien im Zusammenhang mit den gegebenen Unterrichtsbedingungen können von überall her begonnen werden. Im Alltag gehen Lehrerinnen und Lehrer zumeist von geeigneten Medien aus, die ihnen zur Verfügung stehen. Hat man bei der Planung eine Entscheidung zu Ende gedacht, so muss man die bereits getroffenen Entscheidungen daraufhin prüfen, ob sie zusammen mit der neuen ein in sich stimmiges Gesamtgefüge bilden. Die Entscheidungen müssen so lange immer wieder aufs Neue durchdacht werden, bis jede Planungsentscheidung zu allen übrigen Entscheidungen (Inhalte, Politikdidaktische Perspektive, Ziele, Methoden und Medien unter den gegebenen Unterrichtsbedingungen) passt. Ein Lehrender kann die Unterrichtsplanung erst dann beenden, wenn die Planung eine Einheit bildet.

Die gründliche und mühsame Ausarbeitung eines schriftlichen *Plans* in der Ausbildung ist notwendig, denn nur beim Schreiben lernt die angehende Lehrerin bzw. der angehende Lehrer die Schwierigkeiten einer *Planung* zu reflektieren. Wer hier Kompetenzen erwirbt, der kann im Schulalltag ohne großen Zeitaufwand Politikunterricht unter Einbeziehung aktueller Vorgänge so planen, dass die Schülerinnen und Schüler zum selbstständigen sozialen und politischen Denken und Handeln angeregt werden.

Im Unterricht selbst sieht sich die Lehrerin oder der Lehrer in die Lage versetzt, auf unerwartete Beiträge der Schülerinnen und Schüler angemessen zu reagieren. Diese Geistesgegenwart und *Situationssensibilität* erwirbt man nur durch die gründliche Vorbereitung aller Planungselemente. Die Wahrnehmung von Schülerbeiträgen gelingt Lehrerinnen und Lehrern dann, wenn sie in der Vorbereitung alle Elemente des Unterrichts in ihren verschiedenen Dimensionen durchdacht und sich jeweils reflektiert für eine Lösung entschieden haben. Dank dieser Vorarbeit kann man im Unterricht erkennen, in welche Richtung, d.h. auf welche Gegenstände und Zielsetzungen hin eine so nicht vorhergesehene Schülerfrage den Unterricht lenkt. Die Lehrerin oder der Lehrer muss nun blitzschnell darüber entscheiden, ob die Klasse diesen – neuen, nicht geplanten – Weg einschlagen soll oder nicht. Kompetenz und Sorgfalt bei der Unterrichtsplanung befähigen eine Lehrerin oder einen Lehrer dazu, auf Schülerbeiträge eingehen zu können und das Unterrichtsgeschehen auch bei überraschenden Wendungen in der Hand zu behalten bzw. aktiv mitzugestalten; sie/er muss den Unterricht nicht einfach „laufen" lassen und dem Geschehen hilflos zusehen oder rigide „unpassende" Schülerbeiträge unterdrücken.

Einschränkend sei bemerkt, dass die Aneignung von Planungswissen allein noch nicht handlungsfähig macht, dass aber ebenso allein das Handeln in der Praxis auch nicht klug macht. Im Unterricht ist *Interpretationskompetenz* verlangt, die Wissen und Handeln durch Reflexion zusammenbringt und zu einer Rationalitätssteigerung bei der Bewältigung von unerwarteten Problemen führt. Anders ausgedrückt: Wer sich kompetent und gründlich vorbereitet, muss nicht befürchten im Unterricht plötzlich am Ende zu sein, nicht mehr weiter zu wissen und vor dem Nichts zu stehen. Diese Furcht kann angehenden Lehrerinnen und Lehrern den Schlaf rauben. Das Buch will diese Angst bekämpfen helfen.

Gründliche Vorbereitung befähigt die angehende Lehrerin oder den angehenden Lehrer darüber hinaus, die Planung und die im Unterricht davon abweichenden Entscheidungen in einer Nachbesprechung offen zu legen und zu begründen. Sie/er kann so die Freiheit als Politiklehrerin bzw. -lehrer verteidigen und sich vor den Ansprüchen selbst ernannter Vorbilder (z.B. Fachleiter), vor der Aufweichung der Fachbegriffe, vor abbilddidaktischem und vor unpolitischem Politikunterricht (Weißeno 1999, 211) schützen.

In dem Buch diskutieren wir die Planungsüberlegungen und -entscheidungen zunächst allgemein mit Hilfe von *fünf Modulen* (Teil I), um sie dann an dem *Beispiel* „Rentenpolitik" konkret aufzuzeigen (Teil II) und sie anschließend in einen schriftlichen *Plan*, so wie er von Berufsanfängern gefordert wird, umzuformen (Teil III). Dieses Vorgehen soll den Prozess *„von der Planung zum Plan"* transparent machen; die Verdeutlichung bringt zwangsläufig Wiederholungen mit sich. Die Planungsüberlegungen und auch der abschließende Plan sind ausführlich dargestellt, um dem Charakter eines Arbeitsbuches zum Selbststudium gerecht zu werden. In der Praxis kann ein schriftlicher Plan kürzer ausfallen.

Zunächst wird die Leserin bzw. der Leser in jene Module der Unterrichtsplanung eingeführt, die zum Aufbau dieser Kompetenzen beitragen und eine Voraussetzung für sicheres Handeln und Entscheiden bilden. Die fünf Module machen den Kern der Planungsüberlegungen aus. Dabei ist die Anordnung der Module unerheblich, da das Planungsdenken nicht gestuft erfolgt; keineswegs unwichtig aber ist die intensive Auseinandersetzung mit allen Modulen.

Fünf Module der Planung

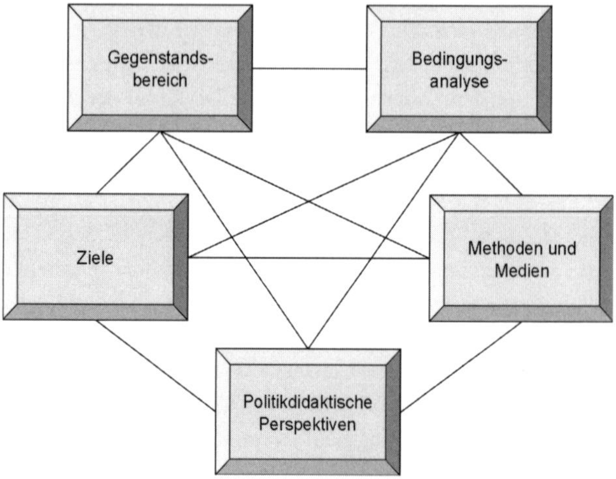

Grundsätzlich sind in den Planungsüberlegungen alle Module abzuarbeiten und miteinander zu verschränken. In den schriftlichen Plan dagegen werden je nach Absprache im Seminar nur einige ausgewählte Module aufgenommen. Dieser Plan ist zwangsläufig gegliedert, da er die vorab getroffenen Entscheidungen gebündelt darstellt. Aber auch für die Gliederung eines Planes bzw. die Abfolge der Planungselemente gibt es keine Festlegung, die von der Sache her zwingend geboten wäre.

Absichtlich beschränken wir uns nicht darauf, die einzelnen Module vorzustellen. Wir haben uns zusätzlich vorgenommen, an einem *Beispiel* alle Planungsüberlegungen selbst anzustellen und zu einem schriftlichen *Plan* zu verdichten („Von der Planung zum Plan"). Insofern stellen wir uns selbst den Aufgaben, die wir den angehenden Politiklehrerinnen und -lehrern zumuten wollen. Bewusst haben wir auf kein bereits vorgefertigtes Planungsmodell zurückgegriffen, sondern uns – recht willkürlich – Ende August/Anfang September 2000 für ein damals aktuelles Thema entschieden. Unser Ziel ist es nicht, eine besonders pfiffige, extravagante oder ausgefallene Planung zustande zu bringen, sondern wir bemühen uns darum, eine „normale" Planung durchzuführen. Die Versicherung, dass uns dies nicht leicht gefallen ist, vermag manche Leserin und manchen Leser mit diesem Buch versöhnen. Bei der Beurteilung des Plans (Teil III) bitten wir die Leserin und den Leser um Nachsicht. Vollkommenen Unterricht gibt es nicht.

I. Fünf politikdidaktische Module der Unterrichtsplanung

1. Modul 1: Analyse des Gegenstandsbereichs

Oftmals kennt die Lehrerin/der Lehrer nur den Gegenstandsbereich, aus dem sie/er den Gegenstand bzw. den Inhalt für den Unterricht auswählen muss. „Sozialpolitik", „Arbeitslosigkeit", „Parteien", „Umweltpolitik" – so oder ähnlich lauten die *Gegenstandsbereiche*, die der Lehrende im Studium kennen gelernt hat. Aus einem Gegenstandsbereich lassen sich in der Regel eine ganze Anzahl von *Inhalten* auswählen. Lautet der Gegenstandsbereich z.B. Arbeitslosigkeit, dann sind u.a. folgende Gegenstände bzw. Inhalte für ein Unterrichtsvorhaben denkbar:

- Arbeitslosigkeit als politisches Problem,
- der Gang zum Arbeitsamt,
- Umgang mit Arbeitslosen,
- Konzepte zur Lösung des politischen Problems Arbeitslosigkeit,
- der Streit zwischen Regierung und Opposition um das Ausmaß von Arbeitslosigkeit,
- Aufbau und Aufgaben der Bundesanstalt für Arbeit.

Die Auflistung macht deutlich: der Unterricht zu ein- und demselben Gegenstandsbereich kann sehr unterschiedlich ausfallen.

> *Der Gegenstandsbereich ist so groß, dass er niemals in einer Unterrichtseinheit in vollem Umfang „abgearbeitet" werden kann. Daher muss die Lehrerin oder der Lehrer eine Auswahl treffen und sich für einen Inhalt entscheiden. Der Großteil des Gegenstandsbereiches bleibt im Unterricht unbehandelt, muss unbehandelt bleiben.*

Versucht die Lehrerin oder der Lehrer, die Schülerinnen und Schüler umfassend über einen Gegenstand zu informieren, dann reicht die Unterrichtszeit dazu nur selten aus. Den Lernenden bleibt kaum Zeit für die politische Analyse und Urteilsbildung und damit für das selbstständige politische Denken. Doch gerade darin liegt die Aufgabe des Politikunterrichts.

1.1 Erschließung des Gegenstandsbereichs

Die Lehrerin bzw. der Lehrer muss also einen Gegenstand aus dem Gegenstandsbereich auswählen und anschließend in einen Unterrichtsinhalt umdenken. Die Bewältigung dieser Aufgabe setzt voraus, dass sie/er den Gegenstandsbereich kennt oder zumindest darüber einen Überblick besitzt. Im Rahmen der Unterrichtsplanung muss sie/er sich also in den Gegenstandsbereich einarbeiten.

Die Einarbeitung gestaltet sich zeitaufwändig und erscheint daher in der Realität des Unterrichtsalltags nicht machbar. Auf den ersten Blick muss dieser Behauptung zugestimmt werden. Lehrerinnen und Lehrer sind mit Korrektur- und anderen Aufgaben überhäuft und finden kaum Zeit für die notwendigste Unterrichtsvorbereitung. Sich für ein Ein-Stunden-Fach aufwändig in einen neuen Gegenstandsbereich einzuarbeiten, erscheint daher unter dem Diktat der Praxisbedingungen vielen als illusorisch. Und doch lassen sich Einwände gegen diese Behauptung vorbringen:

Politiklehrerinnen und -lehrer haben, sofern sie nicht fachfremd unterrichten, Politikwissenschaft studiert. Hier haben sie die Fähigkeit erworben rasch Zugang zu einem neuen Gebiet zu gewinnen. Wer sich einmal – z.B. während des Studiums – in einen Gegenstandsbereich eingearbeitet hat, besitzt Grundkenntnisse bzw. eine Grundstruktur, die er täglich bei der Lektüre überregionaler Tages- und Wochenzeitungen, aber auch fachwissenschaftlicher und fachdidaktischer Beiträge erneuern und erweitern kann. Schon nach der Referendarzeit bzw. nach der zweiten Ausbildungsphase verfügen Politiklehrerinnen und -lehrer über ein Repertoire an Gegenstandsbereichen, so dass sich zumindest bei einigen Unterrichtsvorhaben die Einarbeitung wenig zeitaufwändig gestaltet.

Wichtige Problem- bzw. Gegenstandsbereiche bleiben – leider – über Jahrzehnte hinweg erhalten. Wer sich 1974 in den Bereich „Arbeitslosigkeit" eingearbeitet hat, der zehrt heute noch davon und wird auch in den nächsten Jahren davon profitieren.

Die Wende 1989 bedeutete für Politiklehrerinnen und -lehrer auch deshalb einen tiefen beruflichen Einschnitt, weil über Nacht zwei Gegenstandsbereiche wegbrachen, in denen man sich gut auskannte: „Die DDR" und „Der Ost-West-Konflikt".

Nicht nur Lehrerinnen und Lehrern fällt es schwer, sich von lieb gewonnenen Gegenstandsbereichen zu trennen. So widmeten sich die „Informationen zur politischen Bildung" (245) im 4. Quartal 1994 (!) im Heft 1 der Internationalen Beziehungen dem Ost-West-Konflikt.

Für die fachliche Einarbeitung der Politiklehrerin bzw. des Politiklehrers in einen Gegenstandsbereich gibt es Hilfen in diversen Zeitschriften:

- *Aus Politik und Zeitgeschichte:* Die Beilage der Wochenzeitung „Das Parlament" liegt in beinahe jeder Schule aus; sie enthält zu einem Gegenstandsbereich mehrere, auch kontroverse Aufsätze kompetenter Fachwissenschaftler.

- *Informationen zur politischen Bildung:* Wer ein Heft der „Informationen" durchgearbeitet hat, besitzt einen guten Überblick über den Gegenstandsbereich, den das Heft thematisiert.
- *Die Zeitschrift „Politische Bildung":* Jedes Heft enthält zu einem Gegenstandsbereich vier bis fünf fachwissenschaftliche Beiträge und eine ausgearbeitete Unterrichtseinheit mit Materialien. Die Herausgeber bemühen sich, die wichtigen unterschiedlichen Ansätze und Sichtweisen bei der Auswahl der Autorinnen und Autoren zu berücksichtigen.
- *Die Zeitschrift „Gesellschaft – Wirtschaft – Politik" (früher „Gegenwartskunde"):* Die Hefte der GWP sind nicht themengebunden. Das ermöglicht es der Redaktion, fachwissenschaftlich und fachdidaktisch aktuelle Themen in ihren Beiträgen zu behandeln. In jedem Heft befindet sich eine ausführliche Analyse zu einem wichtigen Gegenstandsbereich des Politikunterrichts.
- *Der Bürger im Staat:* Die von der Landeszentrale für politische Bildung Baden-Württemberg herausgegebene Zeitschrift enthält eine Fülle gut geschriebener Beiträge namhafter Politikwissenschaftler zu einem für den Unterricht relevanten Gegenstandsbereich. Zudem finden die Politiklehrerinnen und -lehrer zahlreiche für den Unterricht geeignete Schaubilder, Karikaturen und Karten.
- *Politik und Unterricht:* Diese von der Landeszentrale für politische Bildung Baden-Württemberg herausgegebene Zeitschrift enthält einen Materialteil für Schüler und einen Teil zur fachlichen und didaktisch-methodischen Einarbeitung für den Lehrer.

Schülerinnen und Schüler interessieren sich kaum für politische Probleme und Auseinandersetzungen, die bereits einige Monate und Jahre zurückliegen. Bei der Behandlung von politischen Gegenständen im Unterricht wird die Lehrerin oder der Lehrer immer versuchen, von einem *aktuellen* politischen Vorgang auszugehen. *Überregionale Tages- und Wochenzeitungen* informieren ausführlich und kontrovers über aktuelle politische Vorgänge. Wer zu einem Gegenstandsbereich Texte aus überregionalen Tageszeitungen nicht nur sammelt, sondern auch liest, aktualisiert sein Wissen. Die Wochenzeitung „Die Zeit" enthält z.B. jede Woche ein „Dossier", in dem über mehrere Seiten hinweg ein Gegenstandsbereich präsentiert wird. Die gründliche Lektüre einer überregionalen Tages- oder Wochenzeitung versetzt die Politiklehrerin bzw. den Politiklehrer in die Lage, sich rasch in einen neuen „Gegenstandsbereich" einzuarbeiten; sie macht zudem noch Spaß. So viel Zeit muss täglich sein!

Bei der Einarbeitung in den Gegenstandsbereich sucht die Lehrerin oder der Lehrer nach politischen Aspekten. Bietet sich zu dem Gegenstandsbereich ein aktueller Vorgang an, dann muss sie/er aus diesem Vorgang bzw. Ereignis die „Politik" herausarbeiten.

Ein Beispiel: Ein Lehrer wird zu Beginn des neuen Schuljahres 2001/02 mit der Aufgabe konfrontiert, eine Unterrichtseinheit zu „Sozialstaat, Sozialpolitik, soziale Sicherungssysteme" durchzuführen. In den Gegenstandsbereich ist er bereits eingearbeitet. Er aktualisiert sein Wissen, indem er täglich die Diskussion über die Vorschläge zur Lösung des Rentenproblems aufmerksam verfolgt.

Um in einem Gegenstandsbereich oder in einem aktuellen Vorgang zum Kern des Politischen (Massing, Weißeno 1995) vorzustoßen, benötigt man *Arbeitsbegriffe von Politik*. Als ein heuristisches Instrumentarium können hierfür die drei Dimensionen des Politischen herangezogen werden.

Drei Dimensionen des Politischen

Ein politischer Vorgang lässt sich mit Hilfe der drei Dimensionen Inhalt, Prozess und Form des Politischen (Meyer 2000, 52 ff.; Ackermann u. a. 1994, 15 ff.) aufschlüsseln. Die Lehrerin bzw. der Lehrer sucht im Gegenstandsbereich nach

- politischen Problemen, Aufgaben, Streitfragen („Inhalt"),
- Auseinandersetzungen, Konflikten („Prozess"),
- Ausschnitten aus dem politischen Handlungsrahmen („Form").

Hier einige Beispiele:
Gegenstandsbereich Wahlen

Dimension Inhalt	*Dimension Prozess*	*Dimension Form*
Zukünftige Aufgaben der Regierung bzw. Ankündigungen der einzelnen Parteien in ihren Programmen	Auseinandersetzungen im Wahlkampf über die „Versprechungen"	Wahlrecht, Funktionen der Parteien

Gegenstandsbereich Drogen

Dimension Inhalt	*Dimension Prozess*	*Dimension Form*
Verbot oder Freigabe von Drogen als Vorschlag zur Lösung des Problems „zunehmende Drogensucht"	Der Streit zwischen einzelnen Bundesländern um ein angemessenes Konzept zur Bekämpfung der Drogensucht	Das Föderalismusprinzip

Politikzyklus

Ein weiteres Instrument zur Erschließung von „Politik" im Gegenstandsbereich stellt der Politikzyklus dar. Im Politikzyklus (Massing/Skuhr 1993) wird Politik als „eine prinzipiell endlose Kette von Versuchen zur Bearbeitung von gesellschaftlichen Gegenwarts- und Zukunftsproblemen" beschrieben (vgl. Kuhn 1999, 184 f.).

Der Politikzyklus wiederum wird in Phasen aufgeteilt. Am Beginn steht ein *Problem* (eine Aufgabe, eine Streitfrage). Oft kommt es zum Streit darüber, ob das Problem von der ‚Politik' gelöst werden soll und daher eine Aufgabe für die ‚Politik' darstellt oder nicht. Über diese Frage, aber auch über den Versuch einer Problemlösung kommt es zu politischen *Auseinandersetzungen.* Diese führen zu einer *Entscheidung* oder zu einem *Ergebnis*; das Problem wird auf eine bestimmte Weise gelöst oder eine Problemlösung wird verhindert. Das Ergebnis zeitigt Auswirkungen und löst Reaktionen aus. Diese führen zu einem (oder mehreren) *neuen Problem(en)* und damit zum Ausgangspunkt für einen neuen Politikzyklus. Politik erscheint so als permanenter Prozess der Problemverarbeitung (Massing 1999, 28-35).

Ein Beispiel:
Wahlkampf und Regierungsbildung

Problem, Streitfrage, Aufgabe	Ein neuer Landtag, ein neuer Bundestag muss gewählt werden.
Auseinandersetzung	Im Wahlkampf kämpfen die Vertreter der einzelnen Parteien mit unterschiedlichen Mitteln und Methoden um die Gunst der Wähler.
Entscheidung, Ergebnis	Am Abend des Wahltages steht – in der Regel (Ausnahme USA 2000) – das Ergebnis fest.
neues Problem, neue Aufgabe	Nun beginnt eine neue Aufgabe: Hat eine Partei die Mehrheit errungen und kann sie allein die Regierung bilden, dann ist die Lösung einfach. Müssen sich zwei Parteien für die Regierungsbildung zu einer Koalition zusammentun, dann beginnt eine spannende Auseinandersetzung.
Auseinandersetzung	Vertreter beider Parteien müssen sich über ein Sachprogramm und die Verteilung der Ämter einig werden.
Ergebnis	Am Ende dieses Prozesses steht der Koalitionsvertrag (oder die Regierungsbildung beginnt aufs Neue).
neue Aufgaben, neues Problem	Ist der Vertrag zustande gekommen, müssen ihm beide Regierungsfraktionen und -parteien zustimmen. Schließlich muss der Chef der neuen Regierung (Bundeskanzler, Ministerpräsident) im Parlament gewählt werden.
Auseinandersetzung	Erfahrungsgemäß bricht in beiden Koalitionsparteien eine heftige Diskussion aus, ob dem Koalitionsvertrag zugestimmt werden kann oder nicht.
	usw. usw.

1.2 Suchinstrumentarium für den Gegenstandsbereich

Beide Politikbegriffe, sowohl die Dimensionen des Politischen als auch der Politikzyklus, eignen sich für die Erschließung von „Politik" in einem Gegenstandsbereich. Sie weisen aber auch bestimmte Nachteile auf. Mit den Dimensionen des Politischen lässt sich schwer die Dynamik von „Politik" erfassen; Politik erscheint dem Betrachter leicht als etwas Statisches. Dieser Gefahr wird im Politikzyklus begegnet. Dafür gerät bei seiner Anwendung mitunter der *politische Handlungsrahmen* aus dem Blickfeld.

Die beiden Arbeitsbegriffe lassen sich verbinden, wenn man entsprechend dem Politikzyklus die Dimensionen Inhalt und Prozess zu einer Einheit zusammenfasst. Politik wird demnach verstanden als

(1) Prozess der Problemverarbeitung *(Politikzyklus)*,
der innerhalb eines

(2) vorgegebenen *Handlungsrahmens* ausgetragen wird.

Der Politikzyklus mit seinen Phasen und der Handlungsrahmen von Politik bilden das Gerüst eines Suchinstrumentariums (Breit 2000b, 80):

Instrumentarium zur Suche von politischen Aspekten	
Politikzyklus	***Handlungsrahmen***
Problem, Aufgabe, Streitfrage Auseinandersetzung Entscheidung, Ergebnis	*bei Innenpolitik:* Verfassung und Rechtsordnung eines Landes; Institutionen und das Gefüge gegenseitiger Abhängigkeit der Institutionen und politischen Gruppen; politische Kultur
neues Problem, neue Aufgabe, neue Streitfrage	*bei außenpolitischen Fragen:* das System der internationalen Beziehungen

Um zur „Politik" vorzustoßen, sucht man zu den einzelnen Phasen des Politikzyklus und zum Handlungsrahmen nach politischen Aspekten in dem Gegenstandsbereich und dem dazu gehörenden aktuellen politischen Vorgang. Benutzt die Lehrerin oder der Lehrer das zweidimensionale Suchinstrumentarium, dann kann der Untersuchungsbereich zunächst nach den Phasen „Problem, Auseinandersetzung, Entscheidung/Ergebnis, neues Problem" aufgegliedert und abgesucht werden. Danach untersucht sie/er den Handlungsrahmen, in dem der Gegenstandsbereich angesiedelt ist bzw. der aktuelle politische Vorgang abläuft. Dabei wird man auf Verfassungsbestimmungen, Gesetze und Institutionen aufmerksam, die für das Verständnis von politischen Problemen und Prozessen von Bedeutung sind.

Beispiel: Gegenstandsbereich Rentenreform

Phasen des Politikzyklus	***Handlungsrahmen***
Problem: Ohne Reform des Rentensystems wird schon in naher Zukunft jeder Beitragszahler ein bis zwei Senioren zu ernähren haben. Das System muss daher grundlegend geändert werden. *Auseinandersetzung:* Um die Reform des Rentensystems gibt es heftige politische Auseinandersetzungen. Die Akteure unterstützen oder bekämpfen aus unterschiedlichen Interessen heraus das Regierungsvorhaben. *Entscheidung:* Abstimmungen im Bundestag und im Bundesrat. Die erfahrenen Bewertungen rufen Reaktionen hervor. Die Durchsetzung bzw. die Folgen einer Entscheidung führen zu *neuen Problemen.*	Die Analyse des politischen Prozesses um die Rentenreform und die Untersuchung der Probleme um das Rentensystem setzen Kenntnisse über Grundprinzipien des Rentensystems (Generationenvertrag, Umlageverfahren) und über die sozialen Sicherungssysteme voraus. In diesem Zusammenhang können auch das Sozialstaatsprinzip und die Artikel 1 und 20 des Grundgesetzes näher untersucht werden.

Die Vorgehensweise, Arbeitsbegriffe von Politik als *Suchinstrumente* zum Auffinden von Politik bzw. politischen Aspekten in Gegenstandsbereichen und aktuellen politischen Vorgängen zu benutzen, erscheint zunächst kompliziert. Wer aber regelmäßig diese Aufgabe an unterschiedlichen Beispielen zu lösen versucht, der bekommt bald Routine. Die Zeitungslektüre eröffnet der Lehrerin bzw. dem Lehrer täglich Gelegenheit zum Üben. Aktuelle Maßnahmen zur Bekämpfung der Arbeitslosigkeit, Auseinandersetzungen über Einwanderungsfragen, Planungen für die Zukunft der Bundeswehr – solche und ähnliche Berichte, aber auch dazu passende Schaubilder und Karikaturen regen dazu an, zu dem jeweiligen Bereich spontan nach Phasen aus dem Politikzyklus und nach Aspekten aus dem dazu gehörenden politischen Handlungsrahmen zu suchen. Die Arbeitsbegriffe stellen kein Zwangs-, sondern ein Hilfsmittel für die planende Lehrerin oder den planenden Lehrer dar. Damit kann sie/er mit Planungsüberlegungen beginnen und steht nicht hilflos dem bevorstehenden Unterrichtsvorhaben gegenüber. Die Arbeitsbegriffe helfen bei dem Einstieg in die Planungsarbeit.

Nicht selten findet die Lehrerin/der Lehrer zu einer Dimension des Politischen bzw. einer Phase des Politikzyklus gleich mehrere Aspekte, die daraufhin überprüft werden müssen, welcher von ihnen sich am besten für den Unterricht eignet. Das Durchdenken von Gegenstandsbereichen und politischen Vorgängen mit Hilfe der Arbeitsbegriffe von Politik eröffnet der Lehrerin oder dem Lehrer nicht nur einen guten Überblick über den Gegenstandsbereich ihres/seines Unterrichtsvorhabens, sondern auch eine gute Auswahlmöglichkeit für das zukünftige Unterrichtsvorhaben.

1.3 Strukturierung des Inhalts

Mit der Erarbeitung eines Überblicks über den Gegenstandsbereich ist es nicht getan. Die Lehrerin/der Lehrer möchte den einen oder anderen Teilaspekt näher untersuchen, um ihn im Unterricht zu behandeln. Wer sich also z.B. in den Gegenstandsbereich „Arbeitslosigkeit" eingearbeitet hat und schon weiß, dass sich die Unterrichtsteilnehmer nicht „irgendwie" mit Arbeitslosigkeit beschäftigen sollen, sondern bereits entschieden hat in der Klasse Konzepte zur Lösung des politischen Problems Arbeitslosigkeit zu behandeln, der kann die unterschiedlichen Problemlösungsvorschläge mit Hilfe von politischen *Kategorien* untersuchen. Politische Schlüsselbegriffe bzw. Kategorien (Breit 1999, 120 ff.) lassen sich in Fragen umwandeln. Diese leiten die Untersuchung ein.

Kategorien sind Begriffe, die für gewonnene Erkenntnisse stehen bzw. das Ergebnis wissenschaftlicher Forschung in verdichteter Form wiedergeben. Bei der Analyse eines politischen Sachverhaltes ermöglichen fachliche Kategorien die Aufdeckung politischer Zusammenhänge.

Dazu wird im Folgenden das Suchinstrumentarium für den Gegenstandsbereich um Kategorien und Schlüsselfragen erweitert (vgl. Breit 2000b, 88 f.).

Politische Analysekategorien

Dimension: Politikzyklus

Kategorien und Schlüsselfragen markieren Ansatzpunkte für die Erschließung und Erarbeitung eines Inhalts; sie sind Suchinstrumente für Lehrer und Schüler.

Phasen	***Kategorien***	***Schlüsselfragen***
Problem, Aufgabe,	Inhalt, Ausmaß Ursache	Worum geht es? Welche Aufgabe soll bewältigt werden (Gesetzgebung)?
Streitfrage	Folgen Problemlösungen Folgen der Problemlösungen	Welches Problem soll gelöst werden? Welches Ausmaß hat das Problem? Was sind die Ursachen des Problems? Welche Folgen zieht das Problem nach sich? Welche Problemlösungen werden genannt? Welche Folgen können bei den jeweiligen Problemlösungen entstehen?

	Akteure/ Interessen	*Welche Akteure vertreten bei der Problemdefinition und Problemlösung welche Interessen?*
Auseinandersetzung	*Inhalt*	*Worum geht es?*
	Verlauf Akteure	Wie verläuft die Auseinandersetzung? Wer ist an dem Konflikt (um die Durchsetzung oder Verhinderung einer Problemlösung) beteiligt?
	Interesse	Welche Interessen verfolgen die Akteure? In wessen Interesse liegt eine bestimmte Problemlösung?
	Macht	Welche Möglichkeiten (Handlungsspielraum) besitzen die Akteure, um ihre Interessen durchzusetzen?
	Recht	*Welche rechtlichen Grenzen sind den Akteuren gesetzt?*
	Methoden der Konfliktaustragung	Wie gehen die Akteure vor? Welche Mittel wenden sie zur Durchsetzung ihrer Interessen an?
Ergebnis	Inhalt	Mit welchem Ergebnis endet der Konflikt? Welche Lösung wird gefunden? Wer setzt sich durch? Worin besteht der Kompromiss?
	Folgen	Welche Folgen der Konfliktlösung sind vorhersehbar? Welche Folgen zieht das Ergebnis nach sich?
	Reaktion	Welche Reaktionen ruft das Ergebnis hervor?
neues Problem, neue Aufgabe, neue Streitfrage	Inhalt, Ausmaß Ursache Folgen Problemlösungen Folgen der Problemlösungen	Welche neuen Probleme sind entstanden? Worum geht es jetzt? Welche neue Aufgabe soll bewältigt werden (Gesetzgebung)? Welches Ausmaß hat das neue Problem? Was sind die Ursachen dieses neuen Problems? Welche Folgen zieht das neue Problem nach sich? Welche Problemlösungen werden genannt? Welche Folgen können bei den jeweiligen Problemlösungen entstehen?
	Akteure/ Interessen	*Welche Akteure vertreten bei der Problemdefinition und Problemlösung welche Interessen?*

(Die kursiv gesetzten Kategorien weisen auf die Verschränkung mit den drei Dimensionen des Politischen hin.)

Institutionen und Organisationen aus dem politischen Handlungsrahmen

	Innenpolitik	*Außenpolitik*
der Handlungsrahmen, in dem „Politik“ abläuft (pol.-administratives System und Partizipationskanäle)	Staat, pol. System, Verfassung, Grundrechte, Verfassungsprinzipien, Rechtsordnung, Gesetze, Repräsentation und Partizipation, Parlament, Regierung und andere Institutionen, Institutionengefüge, politische Organisationen (Parteien, Verbände, Bürgerinitiativen), Verwaltung und Vollzug, Rechtsprechung, staatliche Daseinsvorsorge	Völkerrecht, internationale Abkommen und Regelungen, internationale Organisationen, Zusammenschlüsse von Staaten, Militärbündnisse, NGOs, Grundkonflikt Nord-Süd bzw. Industriestaaten – Entwicklungsländer, Kluft zwischen West und Ost, entstehende Weltfriedensordnung, „Weltinnenpolitik“
der wirtschaftliche Handlungsrahmen	Wirtschafts- und Strukturordnung, Ordnungskonzepte, Wettbewerb, Arbeit, Umwelt, Sozialordnung, soziale Sicherungssysteme	Weltwirtschaftsordnung, Globalisierung, Ordnungskonzepte, Wettbewerb, Arbeit
der gesellschaftliche Handlungsrahmen	Individuum – Gruppe, Rolle, Selbstregulierung der freien und selbstständigen Bürger, Öffentlichkeit, politische Kultur, Sozialstruktur, Gesellschaftsmodelle, Werte	entstehende Weltgesellschaft

Dieser Überblick über eine Vielzahl von Institutionen und Organisationen markiert bei der Untersuchung von Gegenstandsbereichen mögliche Ansatzpunkte für die Betrachtung des Handlungsrahmens, in dem „Politik“ stattfindet. Hier kann man Institutionen auffinden, die inhaltlich bei der Gestaltung von Politik mitwirken. Die fachlichen Kategorien können dem Lehrenden Hinweise auf Untersuchungsobjekte geben und verhindern, dass ziellos nach Inhalten gesucht wird und der Unterricht ohne fachlichen Kern erteilt wird.

Dimension: Handlungsrahmen

Kategorien	***Schlüsselfragen***
Ziele	Welche Staatsziele sollen die Institutionen umsetzen?
Rechte und Schutz der Bürger	Welche Rechte besitzen die Bürgerinnen und Bürger gegenüber den Organisationen? Welchen Schutz genießt der Bürger?
Inhalt/Aufgaben	Was sagen die Verfassung oder Gesetze über die Aufgaben der Institutionen aus? Welche Aufgaben haben sie?
Aufbau	Wie sind die politischen Institutionen aufgebaut? Nach demokratischen Grundsätzen?
Abhängigkeit Verflechtung	Wie hängen die Institutionen voneinander ab? Welchen Platz nehmen die Institutionen im Institutionengefüge ein? Wie arbeiten politische Organisationen (Parteien, Verbände) und Institutionen zusammen? Welche Kontrollaufgaben obliegen der Institution?
Kontrolle	Wer kontrolliert die Institutionen? Werden die Bürgerinnen und Bürger über die Arbeit der Institutionen informiert?
Transparenz	Herrscht Transparenz? Was erfährt die Öffentlichkeit?

Die Zusammenstellung von Inhalten, Kategorien und Schlüsselfragen stellt ein Angebot dar, das den Strukturierungsvorgang erleichtern soll. Die Zusammenstellung folgt keiner wissenschaftlichen Systematik. Sie orientiert sich an Grundbegriffen der Politikwissenschaft. Im Laufe der Jahre und Jahrzehnte, in denen wir selbst Unterrichtseinheiten entwickelt und veröffentlicht bzw. untersucht haben, hat sich dieses Kategorienensemble bewährt. Dass es nur auf Plausibilität und Praktikabilität beruht, hat Vorteile. Die planende Lehrerin oder der planende Lehrer braucht keineswegs alle Kategorien abzuarbeiten. Oftmals macht es Sinn, für die Untersuchung des jeweiligen Inhalts/Untersuchungsgegenstandes nur bestimmte Kategorien auszuwählen. Die Lehrerinnen und Lehrer können auch neue hinzuzufügen.

Der Nutzen des Instrumentariums zur Suche von politischen Aspekten sowie der Kategorien und Schlüsselfragen besteht darin, eine ziellose Einarbeitung zu verhindern. Aus der empirischen Fachunterrichtsforschung wissen wir, dass der Politikunterricht sehr oft unpolitisch erteilt wird und den Schülerinnen und Schülern keine oder überhöhte Erwartungen an die Politik vermittelt werden (Weißeno 1999, 211; Schelle 1999, 251).

Die gezielte Strukturierung der Inhalte ermöglicht erst politischen Politikunterricht, da der Lehrende selbst klare politische Vorstellungen aufgebaut hat und sie in Beziehung zu den anderen Strukturmomenten des Unterrichts setzen kann.

> *Studierende und angehende Lehrerinnen und Lehrer belassen es oftmals dabei, Fragen mit Hilfe von Kategorien zu stellen. Die Fragen bilden aber keinen Selbstzweck. Sie sind nur dann von Nutzen, wenn sie auch beantwortet werden.*

Mit Hilfe der Kategorien, die dem Politikzyklus und dem politischen Handlungsrahmen zugeordnet sind, kann die Lehrerin oder der Lehrer Unterrichtsinhalte zum politischen Lernen eingrenzen und präzisieren. Nur diejenigen Kategorien werden ausgewählt, die im Unterricht auch zu Untersuchungsaufgaben verwendet werden. Die Konzentration z.B. auf die Kategorien Ausmaß und Ursachen bewirkt, dass die Schülerinnen und Schüler zur Untersuchung des politischen Problems Arbeitslosigkeit „lediglich" nach dem Ausmaß und den wichtigsten Ursachen von Arbeitslosigkeit fragen. Die Problemanalyse wird so auf Fragen nach Ausmaß und Ursachen von Arbeitslosigkeit eingegrenzt.

Will die Lehrerin oder der Lehrer diese Fragen auch ihren Schülern im Unterricht stellen und von ihnen beantworten lassen, dann muss sie/er überlegen, wo die Lernenden Antworten finden können. Die Fragen müssen sich dann aus den im Unterricht bereitgestellten Medien beantworten lassen (Implikationszusammenhang).

Exemplarisch stellen wir die Arbeit mit den Kategorien und Schlüsselfragen für zwei Aspekte des Parteispendenskandals vor (Breit 2000b, 90 f.):

Kategorie Akteure Wer ist am System Kohl beteiligt?

Zu dem System Kohl gehören auf der einen Seite der Altbundeskanzler selbst, auf der anderen Seite viele Funktionäre der CDU und Mitglieder auf allen Ebenen der Partei. Von ihnen hat Kohl in den 25 Jahren als Parteivorsitzender und in den 16 Jahren als Bundeskanzler mit Erfolg Loyalität eingefordert. Die CDU-Mitglieder fühlten sich ihm – auch wegen der Geldzuwendungen aus schwarzen Kassen – zur Gefolgschaft verpflichtet. Sie unterstützten ihn, indem sie das taten, was er von ihnen erwartete .

Kategorie Macht Hat Kohl innerhalb der CDU den eigenen Willen durchsetzen können?

Die 25 Jahre, in denen Kohl Parteivorsitzender der CDU war, zeigen, dass er es hervorragend verstand, den eigenen Willen auch gegen Widerstreben anderer durchzusetzen (Max Weber). Auch seine Kritiker attestieren ihm eine Fähigkeit: die Meisterschaft im Machterwerb und Machterhalt. Seine Politik innerhalb der Partei war in erster Linie auf Macht ausgerichtet, auf persönliche Macht. Eine englische Biographin hat über ihn geschrieben: „Wer über Kohl nachdenkt, muss über Macht nachdenken, über sein systematisches, unaufhaltsames Streben nach Macht, seine Beharrlichkeit und Rücksichtslosigkeit bei ihrem Erhalt und seine Freude an ihrer Ausübung."

Kohl hat im Laufe der Jahre immer weniger Kritik an seiner Person und an seinen Entscheidungen geduldet oder Diskussionen darüber zugelassen. Es gab auch keine ernsthaften Problem- oder Programmdebatten. Sorgfältig und misstrauisch wachte er darüber, dass er uneingeschränkt Führung ausüben konnte. Und er hatte Erfolg. Die CDU war ausschließlich auf seine Person hin ausgerichtet.

1.4 Urteilskriterien

Neben der Analyse bildet die Beurteilung eines politischen Vorganges eine der wichtigsten und leider oftmals vernachlässigten Aufgaben des Politikunterrichts. An dieser Stelle kann die schwierige Aufgabe einer politischen Urteilsbildung nicht ausführlich dargestellt werden (s. dazu ausführlich Ackermann u.a. 1994, 81 ff.; Massing/Weißeno 1997; Massing 1995; 1999; Lohmann 2000; Gagel 2000, 271 ff.); hier geht es darum zu zeigen, dass die Denk- und Lernaufgabe „Urteilsbildung" nicht nur die Schülerinnen und Schüler im Unterricht betrifft, sondern bereits Teil der Gegenstands- und Inhaltsanalyse ist.

Die Urteilsbildung kann mit Hilfe von Kriterien vorgenommen werden. Urteilskriterien führen zu differenzierten Urteilen und erleichtern die Identifizierung, Einordnung und Bewertung politischer Sachverhalte. Kenntnisse und Wissen sind Voraussetzung für das Urteilen. Ansonsten sprechen wir von Vorurteilen, Vorverständnis, Vorwissen.

Für das politische Urteil werden insbesondere zwei (rationale) Kriterien genannt (Massing 1997, 125): *Effizienz* (Zweckrationalität) und *Legitimität* (Wertrationalität). Hinzu kommen das *Vorverständnis* und das *Eigeninteresse* des Urteilenden, die auf die emotionale Seite der Politik aufmerksam machen sollen. Darüber hinaus kann auch nach den (vorhersehbaren) *Folgen* einer Entscheidung (Problemlösung, Auseinandersetzung) gefragt werden (vgl. Tabelle auf der Folgeseite).

Kriterien für die Urteilsbildung

Vorverständnis	Schüler (Bürger) äußern oft spontan ohne großes Nachdenken ihr Urteil (vgl. Massing 1995, 216 ff.;1999, 140 ff.). Häufig halten sie eine Entscheidung (eine Problemlösung, eine Auseinandersetzung, eine Regelung oder eine Institution) für richtig oder falsch bzw. für gut oder schlecht. Das spontane Urteil über Politiker beruht zumeist auf Sympathien oder Antipathien („Huch, ist der blöd!"). Bisweilen spiegelt das Urteil auch das – mitunter recht diffuse und noch nicht festgefügte – Weltbild des Einzelnen wider („Typisch für die USA!" „So sind sie nun mal, die Arbeitgeber; die können gar nicht anders als ausbeuten.").
Eigeninteresse	Der Schüler (Bürger) wird sich klar darüber, welche individuellen Interessen er vertritt (Entspricht die Problemlösung oder das Ergebnis einer politischen Auseinandersetzung meinen Interessen oder nicht? Bringt sie mir Vor- oder Nachteile?).
Legitimität	Der Schüler (Bürger) prüft, ob die Entscheidung Werten, die ihm wichtig sind (z.B. Menschenwürde, Gerechtigkeit, Freiheit), entspricht oder nach dem Prinzip der Verallgemeinerungsfähigkeit akzeptiert werden kann.
Effizienz	Der Schüler (Bürger) fragt nach der Ziel-Mittel-Relation bzw. nach dem Kosten-Nutzen-Verhältnis.
	(Aus der Sicht eines Politikers gehören zu den Zielen seines Handelns neben Problemlösungen immer auch Machterwerb und -erhalt. Bei der Beurteilung eines Politikers müssen daher immer zwei Ziele beachtet werden: (1) Aufgabenerfüllung und Problemlösung, (2) Machterwerb und -erhalt.)
Folgen	Der Schüler (Bürger) urteilt darüber, welche Folgen eingetreten bzw. vorhersehbar sind und ob diese ihm verantwortbar erscheinen oder nicht.
Gesamturteil	Grundsätzlich ist es möglich, bei der Anwendung jedes einzelnen Kriteriums zu unterschiedlichen Urteilen zu gelangen. Werden mehrere Kriterien berücksichtigt, so müssen abschließend die unterschiedlichen Urteile gegeneinander abgewogen und zu einem Gesamturteil zusammengefasst werden.

Ein Beispiel: Die Beurteilung des Systems Kohl mit Hilfe von zwei Urteilskriterien. Nach einer ausführlichen Analyse des Systems Kohl im Rahmen einer Unterrichtseinheit zum CDU-Spendenskandal werden zur Beurteilung die Legitimität und Effizienz dieses Systems untersucht (Breit 2000b, 92 f.).

Legitimität: Lässt sich das System Kohl rechtfertigen?
Kohl hat mit seinem Machtsystem über einen langen Zeitraum hinweg gegen das Grundgesetz verstoßen (Art. 21 Abs. 1 GG). Dabei war und ist er der festen Überzeugung, dass sein Verhalten gerechtfertigt sei. So sieht er bei der Parteispendenpraxis das Umgehen von „rein formalen Überprüfungen" als geringfügiges Vergehen an, da er sich nicht persönlich bereichert, sondern der Partei und dem Land gedient habe. Kohl führt also zu seinen Gunsten den Grundsatz an: Der Zweck heiligt die Mittel. Diese Argumentation ist mit der Idee der Demokratie unvereinbar.

Effizienz: Rechtfertigt der Nutzen des Systems Kohl die Kosten?
Die Kosten und der Nutzen des Systems Kohl lassen sich unterschiedlich bilanzieren. Allein die Amtsdauer von Kohl als Parteivorsitzendem der CDU und als Bundeskanzler spricht dafür, dass sich seine Politik und sein Machtsystem bewährt haben. Kohl kann auf bedeutende Leistungen verweisen, so vor allem auf die Vereinigung der beiden deutschen Staaten, auf Erfolge als europäischer Integrator und auf die Einführung einer europäischen Währung. Als Bundeskanzler und CDU-Parteivorsitzender fand er in der Partei und in der Bevölkerung breite Akzeptanz. Nicht zuletzt die Wahlerfolge der CDU sprechen auf eindrucksvolle Weise für den „Nutzen" des Systems Kohl.

Auf der anderen Seite kann nicht übersehen werden, dass mit Bekanntwerden des Parteispendenskandals die Union in die tiefste Krise seit ihrer Gründung gestürzt wurde. Die Wirren um die Parteispendenaffäre überdecken eine weitere Erblast. Kohl hat in der CDU eine große Lücke hinterlassen. Die Partei, die sich mit ihm über Jahrzehnte hinweg identifiziert hat und in seinem Machtsystem aufgegangen ist, muss nach seinem Weggang eine neue politische Identität finden und ein neues Innenleben aufbauen. Die Bewältigung dieser Aufgaben wird lange Zeit in Anspruch nehmen.

Nicht nur für die CDU sind die „Kosten" hoch. Das ohnehin geringe Ansehen von Politikern und Parteien insgesamt ist nach Bekanntwerden des Parteispendenskandals noch mehr gesunken. Die politische Kultur in der Bundesrepublik Deutschland hat Schaden genommen.

1.5 Der Gegenstandsbereich im Implikationszusammenhang

Die Beurteilung des Systems Kohl zeigt: Unterrichtsbedingungen, Ziele, Inhalte, Methoden und Medien bilden einen Zusammenhang. Für den Unterricht können Inhalte nicht ausgewählt werden ohne Bezug zu Zielen des Unterrichts (Vermittlung von Kenntnissen zur Parteienfinanzierung; Vorgehen bei der Burteilung des Systems Kohl), zu den Unterrichtsbedingungen (Parteien- und Politikerverdrossenheit unter Jugendlichen), zu den

Unterrichtsmethoden und Medien (Texte zum Parteispendenskandal müssen vorhanden sein). Die Fixierung auf den Inhalt führt ebenso wenig zu einer begründeten Auswahlentscheidung im Implikationszusammenhang wie die unkritische Übernahme (mitunter wenig sinnvoller) Vorgaben der Richtlinien. Richtlinien kennen die konkrete Unterrichtssituation nicht. Die Auswahlentscheidung kann daher nur der Lehrende selbst unter Einbeziehung der vorgefundenen Unterrichtsbedingungen treffen und begründen.

Das Herstellen eines Zusammenhangs von unterschiedlichen Planungsüberlegungen bildet die charakteristische Aufgabe im Prozess der Planung. Diese Aufgabe wird verständlich, wenn man sich das Strukturgefüge von Unterricht vor Augen hält. Nach Paul Heimann besteht das Strukturgefüge von Unterricht aus Zielen, Inhalt, Methoden und Medien. Diese Unterrichtsmomente stehen nicht beziehungslos nebeneinander; zwischen ihnen herrscht ein Interdependenzverhältnis bzw. ein Implikationszusammenhang. Die Unterrichtsmomente müssen zueinander passen und in einem erkennbaren Zusammenhang zu den allgemeinen Zielen des Politikunterrichts und den Unterrichtsbedingungen stehen.

Die Unterrichtsmomente müssen in einem zirkulären Denk- und Entscheidungsprozess so lange in ihrem wechselseitigen Abhängigkeitsverhältnis durchdacht und geändert werden, bis sie eine Einheit bilden und der Implikationszusammenhang hergestellt ist. Es erscheint uns deshalb angebracht, bei der Behandlung jedes Modul an den Implikationszusammenhang zu erinnern.

2. Modul 2: Politikdidaktische Perspektiven

Zu den Aufgaben der Planung gehört es sich zu überlegen, was aus einem Gegenstandsbereich im Unterricht wozu gelehrt und gelernt werden soll. Die unterschiedlichen gesellschaftspolitischen Verhältnisse, die Einstellungen der Lehrenden, die Schulform, die Richtlinien und Lehrpläne, die Wünsche und Lernvoraussetzungen der Schülerinnen und Schüler lassen keine allgemein gültige Antwort zu, sondern erfordern eine reflektierte Entscheidung der Politiklehrerin bzw. des Politiklehrers. Zu Beginn der Planung kennt sie/er den Gegenstandsbereich, aus dem sie/er den Inhalt (Modul 1) für den Unterricht auswählt und mit Zielen (Modul 4) verbindet. „Sozialpolitik", „Arbeitslosigkeit", „Umweltpolitik" „Parteien", – so oder ähnlich lauten mitunter die Gegenstandsbereiche, die der Lehrende als Vorgabe zur Unterrichtsplanung z.B. von der Fachkonferenz bekommt oder im Lehrplan findet. Auch in der Ausbildung bekommt man häufig nicht mehr zu hören („Machen Sie mal eine schöne Einheit zu ‚Parteien', nicht länger als fünf Stunden!").

Wer mit einer solchen Vorinformation die Planung einer Unterrichtseinheit beginnt, tut sich schwer, einen Einstieg zu finden. Natürlich kann man erst einmal sein Wissen über den Gegenstandsbereich vertiefen. Damit ist man aber in der Planung noch keinen Schritt weitergekommen.

2.1 Begriffsklärung

Wählt die Lehrerin bzw. der Lehrer einen Inhalt aus dem Gegenstandsbereich aus, dann ist dieser zunächst noch nicht im Sinne fachdidaktischer und pädagogischer Zielvorstellungen durchdacht und präzisiert worden. Die politikdidaktische Bedeutung muss dem Inhalt erst noch abgewonnen bzw. zugesprochen werden. Jeder Inhalt ist immer nur möglicherweise fachdidaktisch relevant bzw. stellt „nur" ein potentielles Unterrichtsthema dar. Erst wenn ein Inhalt unter einer fachdidaktischen Zielvorstellung für die Behandlung im Unterricht ausgewählt wird, wird er zu einer politikdidaktischen Perspektive oder zu einem vorläufigen Thema (Gagel 1983, 227 f.).

Politikdidaktische Perspektive

Die Politiklehrerin oder der Politiklehrer sucht in dem Gegenstandsbereich nach möglichen Inhalten *und verbindet diese gedanklich mit* Zielen *des Politikunterrichts. Durch die gedankliche Verbindung von einem Inhalt mit einem Ziel entsteht ein vorläufiges* Thema *oder eine* politikdidaktische Perspektive.

Ein Inhalt aus dem Gegenstandsbereich wird erst im Licht bestimmter, auf die Schülerinnen und Schüler bezogener Ziel- und Fragestellungen zu einem (vorläufigen) Thema. Anders ausgedrückt: Zur Bildung einer politikdidaktischen Perspektive wird ein Inhalt mit einer fachdidaktischen Zielsetzung zusammengedacht.

Ein Beispiel: Gegenstandsbereich: Umweltpolitik
Aktueller Inhalt aus diesem Gegenstandsbereich: Benzinpreiserhöhung als Mittel der Umweltpolitik. Dieser Inhalt stellt noch kein Thema dar.
Vorläufige Themen bzw. politikdidaktische Perspektiven entstehen durch das Zusammendenken von Inhalt und Zielen, indem man fragt: Wozu sollen sich die Schülerinnen und Schüler mit diesem Inhalt bzw. politischen Vorgang beschäftigen?
Die Schülerinnen und Schüler sollen die durch eine Benzinpreiserhöhung ausgelösten umweltpolitischen Auseinandersetzungen analysieren, die unterschiedlichen Positionen in dieser Auseinandersetzung beurteilen und sich so einen eigenen Standpunkt als Voraussetzung für eine mögliche politische Beteiligung bilden. Als Thema könnte man formulieren: Nutzt ein hoher Benzinpreis der Umwelt?
Die Transformation eines Inhalts aus einem Gegenstandsbereich in eine politikdidaktische Perspektive erfolgt durch das Zusammendenken des Inhalts mit möglichen Zielen. Dabei entstehen nicht nur eine, sondern immer mehrere politikdidaktische Perspektiven. Je nachdem, ob die umweltpolitischen Kontroversen der Parteien, die Vorstellungen der Umweltverbände und Mineralölindustrie, die Situation betroffener Autofahrer in Stadt und Land, der Einfluss auf die Teuerungsrate und auf die ökonomische Entwicklung im Vordergrund stehen und die Schülerinnen und Schüler hierbei analysieren und/oder urteilen lernen sollen, entstehen andere politikdidaktische Perspektiven. Mit der Entwicklung mehrerer politikdidaktischer Perspektiven ist ein erster, wichtiger Schritt der Unterrichtsplanung getan.

In einem zweiten Schritt wählt die Lehrerin oder der Lehrer in Kenntnis der gegebenen Unterrichtsbedingungen und der Methoden- und Medienmöglichkeiten eine politikdidaktische Perspektive aus und formt sie in den weiteren Planungsüberlegungen zu einer Unterrichtseinheit aus.

Dazu stellt sie/er im weiteren Verlauf der Planung gedanklich die Verbindung zwischen dieser didaktischen Perspektive und

- den jeweils aktuellen Interessen und Erfahrungen der Lernenden, den Perspektiven der Erwachsenen und den Unterrichtsbedingungen allgemein (Modul 3),
- den allgemeinen Zielen des Politikunterrichts (Modul 4),
- den Unterrichtsmedien und
- der Angemessenheit der Methoden (Modul 5) her.

2.2 Auswahl einer politikdidaktischen Perspektive

Politikdidaktische Perspektiven sind nicht beliebig verwendbar. Bei der Auswahl soll die Lehrerin bzw. der Lehrer deren Bedeutsamkeit (Gagel 2000, 149 ff.) nachweisen können für

- das jetzige und zukünftige Leben seiner Schülerinnen und Schüler als Bürger in der Demokratie

und/oder

- den Staat und die Gesellschaft, in denen die Jugendlichen leben, und damit mittelbar auch für sie selbst als Mitglieder dieser Gesellschaft

oder

- für das System der internationalen Beziehungen und damit mittelbar auch für den Staat und die Gesellschaft, in denen die Heranwachsenden leben.

Das Nachdenken über die Bedeutsamkeit des Inhalts kann verhindern, dass die Lehrerin oder der Lehrer bei der Auswahlentscheidung eigenen Vorlieben nachgibt.

Ein Beispiel: Eine Studentin plant eine Unterrichtseinheit zum Themenbereich „Wahlen". Es herrscht Wahlkampf. Am Mittwoch vor der Landtagswahl wird sie in ihrem Unterricht von einem Dozenten der Hochschule besucht. Zum Thema ihrer Einheit wählt sie sich das Problem der Wahlkreiseinteilung. Gefragt nach den Gründen ihrer doch recht überraschenden Entscheidung antwortet an ihrer Stelle die Mentorin, dieses Thema habe sie während ihres Studiums in ihrer Examensarbeit bearbeitet. So nachvollziehbar die Themenwahl durch diese Erklärung erscheint, so sehr muss diese Entscheidung abgelehnt werden. Anstehende Probleme des Bundeslandes, Streitfragen des Wahlkampfs, die Personen, die zur Wahl stehen oder Koalitionsmöglichkeiten hätten sich als Inhalte mehr angeboten, weil sie von größerer Bedeutung sind. Hat sich, wie bei dieser Wahl, die Wahlkreiseinteilung nicht geändert, dann sind die lange zurückliegenden politischen Entscheidungsprozesse im Zusammenhang mit dieser Frage für die Schülerinnen und Schüler im Vergleich zu anderen aktuellen Themen von so geringer Bedeutung, dass sich darüber eine Unterrichtseinheit nicht lohnt. Die Unterrichtseinheit muss daher eher als verfehlt beurteilt werden.

> *Auf eine Schwierigkeit muss aufmerksam gemacht werden. Es gibt schlechterdings kein politisches Thema, bei dem sich nicht eine Bedeutsamkeit für das Leben der Jugendlichen in irgendeiner Weise konstruieren lässt. Politiklehrerinnen und -lehrer können daher nicht zwischen bedeutsamen und unwichtigen Themen, sondern nur zwischen mehr bedeutsamen und weniger bedeutsamen Themen auswählen. Die Auswahl der politikdidaktischen Perspektive ist aber nicht beliebig, weil sie innerhalb eines Begründungszusammenhangs erfolgen muss. Darüber hinaus lassen sich die politikdidaktischen Perspektiven mit den Grundintentionen des Politikunterrichts argumentativ entfalten.*

2.3 Formulierung des Themas

Das Thema benötigt einen Namen. Die Themenformulierung kann nach der Bildung bzw. Auswahl der politikdidaktischen Perspektive nur vorläufig vorgenommen werden. Bei der Ausformung des Themas durch das Hinzudenken der Unterrichtsbedingungen, der Methoden und der Medien werden Ziele und Inhalt noch derartig abgeändert bzw. präzisiert, dass erste Themenformulierungen häufig hinfällig werden. Erst am Schluss des Planungsprozesses kann das Thema endgültig benannt werden. Nachdem die politikdidaktische Perspektive in vielen Überlegungen, Eingrenzungen und Entscheidungen zu einer Unterrichtseinheit weiterentwickelt worden ist, steht die Lehrerin bzw. der Lehrer vor der Aufgabe, die frühe Themenstellung zu überprüfen.

Für die Formulierung eines Themas hat sich die Praxis bewährt (Ackermann 1994, 64 ff.), das Thema zunächst in eine einprägsame, manchmal reißerisch ausgedrückte Frage zu fassen. Die Formulierung soll Interesse wecken. Die Frageform macht den Unterrichtsteilnehmern von vornherein klar, dass die Suche nach einer Antwort von ihnen Denkanstrengungen fordert, das Gesamturteil offen ist und letztlich von jeder Schülerin und jedem Schüler selbst gegeben und verantwortet werden muss. In der zweiten Zeile der Themenüberschrift wird der Inhalt der Unterrichtseinheit so knapp, so verständlich und so präzise wie möglich formuliert. Die Unterrichtsteilnehmer sollen sich während einer Unterrichtseinheit immer rasch darüber informieren können, worum es eigentlich im Unterricht geht.

Beispiele für eine Themenformulierung:

Hohe Beiträge – kleine Rente?
Ausmaß und Ursachen des Rentenproblems

oder

Wir sollen zahlen – und wer zahlt einmal für uns?
Ausmaß und Ursachen des Rentenproblems

Übertragen auf dieses Buch könnte der Titel lauten:

Ja, mach' nur einen Plan …
Einführung in die Planung von Politikunterricht.

2.4 Grundintentionen im Politikunterricht

Im Politikunterricht lassen sich drei Grundintentionen unterscheiden. Das politische Lernen bildet u.E. eine wichtige Aufgabe und damit die wichtigste Grundintention des Politik- bzw. Sozialkundeunterrichts. Die bisherigen Beispiele haben sich nur mit dem politischen Lernen beschäftigt. Daneben gibt es noch die Grundintentionen „Lebenshilfe“ und „Soziales Lernen“.

Grundintention politisches Lernen
Im politischen Lernen analysieren und beurteilen die Schülerinnen und Schüler politische Gegenstände oder Vorgänge mit dem Ziel, eine Orientierung für das eigene politische Handeln zu gewinnen (Wolfgang Hilligen: sehen, beurteilen, handeln). Für die Bildung von politikdidaktischen Perspektiven zum politischen Lernen müssen zunächst einmal geeignete Inhalte aus dem Gegenstandsbereich gefunden werden.

Diesen Prozess haben wir im Modul 1 beschrieben. Das *Suchinstrumentarium* (S. 18 f.) erleichtert das Auffinden von politischen Aspekten, die sich für das politische Lernen eignen. Die Benutzung dieses Instrumentariums bei der Planung bietet eine gewisse Gewähr dafür, dass die/der Lehrende in ihrem/seinem Unterricht weder den Inhalt und Prozess noch den Handlungsrahmen von Politik vernachlässigt. Wer einzelne Phasen aus einem Politikzyklus behandelt, sieht sich aufgefordert, kurz auch auf Aspekte aus dem Handlungsrahmen einzugehen, in dem sich diese ‚Politik' abspielt. Umgekehrt sollte der Lehrende, der Aspekte des Handlungsrahmens in den Mittelpunkt seines Unterrichts stellt, versuchen, die Bedeutung dieser Inhalte an einem aktuellen Beispiel von ‚Politik' zu demonstrieren.

Bei der Suche kann man auch die Dimensionen des Politischen heranziehen. Findet man einen Inhalt zu einer Dimension, so wird man ihn in der Regel zur Nutzung im Unterricht noch weiter eingrenzen müssen. Mit der Auswahl bestimmter Kategorien zur Analyse lässt sich dies leicht bewerkstelligen. Ein Beispiel: Das politische Problem Arbeitslosigkeit (Dimension Inhalt des Politischen) lässt sich wohl kaum in einer Unterrichtseinheit umfassend untersuchen. Es ist schon viel getan, wenn man im Unterricht das aktuelle *Ausmaß* von Arbeitslosigkeit vermittelt und den Schülern *Ursachen* für Arbeitslosigkeit zur Analyse und Beurteilung anbieten kann.

Die so gefundenen Inhalte werden dadurch zu vorläufigen Themen oder politikdidaktischen Perspektiven, dass die Lehrerin oder der Lehrer sich überlegt, wozu sich die Schülerinnen und Schüler im Unterricht mit ihm auseinander setzen sollen. Sie können über den Inhalt lediglich Kenntnisse erwerben. Sie können aber auch die erworbenen Kenntnisse zur politischen Analyse und zur politischen Urteilsbildung und möglicherweise zur politischen Handlungsorientierung nutzen (Hilligen: sehen, beurteilen, handeln). Bei Themen zum politischen Lernen macht der Vergleich mit bereits durchgeführten Unterrichtsvorhaben auf eine mögliche Vernachlässigung oder Bevorzugung bestimmter Dimensionen des Politischen aufmerksam. Wer immer nur Inhalte aus dem politischen Handlungsrahmen auswählt, muss sich prüfen, ob er nicht anstelle von Politikunterricht Institutionenkunde erteilt.

Grundintentionen Lebenshilfe und soziales Lernen

Soziales Lernen gehört zu den Aufgaben aller Unterrichtsfächer in der Schule (Breit 2002, 146 ff.). Das Ziel des sozialen Lernens besteht darin, die Fähigkeit und Bereitschaft bei den Jugendlichen zu wecken

- zum gewaltfreien Zusammenleben mit anderen,
- zum Wahrnehmen des anderen, des Mitmenschen,
- sich in die Lage des anderen hineinzuversetzen,
- den anderen als prinzipiell gleichberechtigt anzuerkennen,
- zum Abbau von Vorurteilen gegenüber dem anderen,
- Konflikte mit anderen durchzustehen,
- die Bedeutung von sozialen Verhaltensnormen (Tugenden) wie Höflichkeit, Rücksichtnahme, Hilfsbereitschaft und Fairness für das Zusammenleben mit anderen zu erkennen,
- sich an sozialen Verhaltensnormen zu orientieren und so zur Verwirklichung demokratischer Grundwerte „Freiheit, Gleichheit/Gerechtigkeit, Solidarität" beizutragen,
- im Umgang mit anderen demokratische Grundwerte und Verhaltensnormen zu beachten und damit Demokratie als Lebensform zu praktizieren.

Angesichts der Gewaltbereitschaft vieler Jugendlicher und der Schwierigkeiten ihres Umgangs mit anderen kommt dem sozialen Lernen gegenwärtig große Bedeutung zu.

Im Schulalltag werden in unserem Fach schließlich auch noch Inhalte behandelt, die für die Jugendlichen unbestritten wichtig sind, die aber mit dem sozialen oder politischen Lernen wenig bis nichts zu tun haben. Die Jugendlichen erhalten Hinweise zur *individuellen Bewältigung* jetziger und zukünftiger alltäglicher Lebenssituationen. Ein Unterricht zu dem Thema „Kauf eines Mopeds" z.B. nutzt die Lehrerin oder der Lehrer dazu, die Schülerinnen und Schüler ihrer Klasse über unbedachte Kaufentscheidungen zu informieren. Beim Unterricht zum Inhalt „Drogen" verfolgen viele Lehrerinnen und Lehrer das Ziel, ihre Schülerinnen und Schüler vor der Drogenabhängigkeit zu warnen. Auch beim Inhalt Jugendkriminalität streben viele Lehrerinnen und Lehrer an, die Heranwachsenden vor dem Einstieg in die Kriminalität zu bewahren. Weitere Unterrichtsvorhaben mit der Grundintention *Lebenshilfe* sind: die Notwendigkeit eines Schulabschlusses und einer Ausbildung für die Jugendlichen als Präventivmaßnahmen gegen zukünftige Arbeitslosigkeit; Verhalten bei Arbeitslosigkeit, Überlegungen zur Studien- und Berufswahl. Solche Vorhaben werden hier unter der Grundintention „Lebenshilfe" zusammengefasst (Breit 1984). Sie werden in Rahmenrichtlinien gewünscht und im Politikunterricht gar nicht so selten auch durchgeführt.

Die analytische Trennung von drei Grundintentionen bedeutet nicht, dass die Unterrichtseinheiten jeweils nur einer Grundintention folgen müssen. Mischungen oder ein

Nacheinander sind vielmehr alltäglich. Die Unterscheidung kann gleichwohl als ein heuristisches Instrument zur Entwicklung von politikdidaktischen Perspektiven und zur Einschätzung des eigenen Unterrichts dienen.

Zur Entwicklung von politikdidaktischen Perspektiven sucht man in dem Gegenstandsbereich zunächst einmal mit dem Fokus verschiedener Grundintentionen nach Inhalten, die für den Unterricht geeignet sind. Nur bei der bewussten Entscheidung für eine Grundintention ist sich der Lehrende im Klaren darüber, ob sein Unterricht mehr dem politischen Lernen oder dem sozialen Lernen oder der Lebenshilfe dient. Aus einer rein fachlichen Perspektive darf sich der Politikunterricht, wie der Name schon sagt, nicht auf die beiden letzten Grundintentionen beschränken.

Hat der Lehrende ein vorläufiges Thema gebildet, dann kann er mit Hilfe der Grundintentionen die Eignung des Themas prüfen. Entwickelt er immer Themen zur Grundintention Lebenshilfe, dann ist der Unterricht für die Jugendlichen sicherlich sehr nützlich; er muss aber auch *unpolitisch* genannt und daher als Politikunterricht negativ beurteilt werden. Mit Hilfe der Grundintentionen kann sich die Lehrerin oder der Lehrer die „Vorweg-Bestimmtheit“ (vgl. Gagel 1983, 227 f.) des Unterrichtsvorhabens bewusst machen.

In Einheiten des Politikunterrichts kann man zwischen drei Grundintentionen unterscheiden:
1. Lebenshilfe,
2. soziales Lernen,
3. politisches Lernen.

Hier zwei Beispiele für politikdidaktische Perspektiven zu den Grundintentionen Lebenshilfe und soziales Lernen:

Themenbereich Wahlen		***Themenbereich Drogen***	
Lebenshilfe	Soziales Lernen	Lebenshilfe	Soziales Lernen
Ausfüllen eines Wahlscheines, Verhalten im Wahllokal	Sollen Ehepaare die gleiche Partei wählen? Sollen die Kinder die gleiche Partei wie ihre Eltern wählen? Wie respektiert man in einer Familie unterschiedliche Wahlentscheidungen?	Drogenprävention Kein Schüler der Klasse soll drogensüchtig werden	Unterschiedliche Einstellungen von Familienmitgliedern zu Alkohol und Zigaretten; daraus entstehende Probleme für das Zusammenleben in der Familie

Das Beispiel Rentenreform kann trotz des politischen Kerns gleichfalls auch nach den beiden anderen Grundintentionen unterrichtet werden:

Lebenshilfe	Soziales Lernen
Die Schülerinnen und Schüler rechnen aus, ob sie sich später einmal ausschließlich auf die Rentenversicherung verlassen können oder ob ihnen zusätzliche Einzahlungen in eine private Alterssicherung notwendig erscheinen.	Die Schülerinnen und Schüler sollen das Rentenproblem mit den Augen eines Beitragszahlers und eines Rentenempfängers sehen. Dazu untersuchen sie die Lebenslagen eines Rentnerehepaares und einer jungen Familie mit drei Kindern. Sie sollen dabei Verständnis für die unterschiedlichen Interessenlagen entwickeln.

Für die Wahl einer Grundintention sollte die Lehrerin oder der Lehrer die Perspektive mit den vorausgegangenen Unterrichtseinheiten vergleichen. Nach einem Unterricht zum sozialen Lernen erscheint es wenig angebracht, erneut dazu eine Einheit durchzuführen. Dies führt auf Dauer zu unpolitischem Politikunterricht.

2.5 Die politikdidaktischen Perspektiven im Implikationszusammenhang

Für die Auswahl einer politikdidaktischen Perspektive sind auch Überlegungen zu den anderen Faktoren (Modulen) ausschlaggebend. Der Lehrende denkt z.B. Unterrichtsentscheidungen immer von seinen Schülerinnen und Schülern her. Er kann überhaupt keine Planungsüberlegungen anstellen, ohne dabei die Kenntnisse, Interessen, Einstellungen und Besonderheiten seiner Schülerinnen und Schüler mitzudenken. Ferner kennt er die Unterrichtsmedien, die er sich zu dem Gegenstandsbereich bereits bereitgelegt (z.B. Schulbücher, Wochenschau-Hefte, Sachbücher) oder aus Zeitungen ausgeschnitten hat. Von den Unterrichtsbedingungen und den Medien her prüft der Lehrende die entwickelten politikdidaktischen Perspektiven. Rasch wird er dabei feststellen, dass eine ganze Reihe davon sich unter den gegebenen Unterrichtsbedingungen oder mangels vorhandener Unterrichtsmedien nicht durchführen lässt. Er muss für die Ausformung einer politikdidaktischen Perspektive zu einer Unterrichtseinheit nach geeigneten Medien suchen. Daher versucht man meist bereits zu Beginn der Planung, die einem zur Verfügung stehenden Unterrichtsmedien mit einer bereits entwickelten politikdidaktischen Perspektive zusammenzudenken. Mit etwas Routine lässt sich dies leicht bewerkstelligen. Schließlich stellt die

Lehrerin oder der Lehrer auch methodische Überlegungen an. Verfügt sie/er z.B. über einen oder mehrere gute Fall-Beispiele, so liegt es nahe, den Unterricht sowohl auf einer konkreten als auch auf einer abstrakten Lernebene anzusiedeln und den Lernweg vom Konkreten zum Abstrakten bzw. von der Erlebnis- und Vorstellungswelt der Jugendlichen zur Politik zu führen.

3. Modul 3: Bedingungsanalyse

Bei jeder Planung muss sich die Lehrerin bzw. der Lehrer mit Bedingungen wie dem Vorhandensein von Schulbüchern, dem Geschehen in der vorausgegangenen Stunde (Englischarbeit, Sportunterricht), der Geräteausstattung bzw. Verfügbarkeit der benötigten Geräte und vor allem mit den Schülerinnen und Schülern beschäftigen. Ihnen soll das Thema gefallen und für sie soll die Beschäftigung damit nützlich sein (Horaz: „prodesse et delectare“).

3.1 Kenntnisse und Einstellungen der Schülerinnen und Schüler

Damit die Bedürfnisse und Interessen der Jugendlichen in den Planungsprozess einfließen, sind allgemeine Kenntnisse der Entwicklungspsychologie, Lerntheorie, politischen Sozialisationsforschung, Geschlechterforschung, des Lernumfeldes usw. nötig. Die wissenschaftlichen Forschungsergebnisse geben Auskunft z.B. über den Einfluss der sozialen Herkunft, des Alters oder des Geschlechts auf das Verhalten und die Leistung der Heranwachsenden. Darüber hinaus werden in zahlreichen Jugendstudien immer wieder eine Fülle von Einzeldaten zu unterschiedlichen Fragestellungen erhoben: Parteipräferenzen, Bereitschaft zum Engagement, Zukunftsperspektiven, Rechtsextremismus, Lebensplanung, Mediennutzung, Grad der Informiertheit, politisches Verhalten etc. Sie geben Hinweise zum generellen thematischen Vorwissen und Vorverständnis der Schülerinnen und Schüler. Lernschwierigkeiten und -erfolge können z.B. durch die politisch, ökonomisch, soziologisch, kulturell oder historisch orientierten Lernertypen (Schelle 1995 und Weißeno 1989), die in einigen Punkten über vergleichbare Motivationen, Einstellungen und Grundhaltungen verfügen, bedingt sein. Obgleich die Aussagen der Jugendstudien und der Unterrichtsforschung verallgemeinerbar sind, müssen sie nicht für die jeweilige Klasse zutreffen.

In der Bedingungsanalyse werden die methodischen Fertigkeiten, Emotionen und Denkfähigkeiten, das Vorwissen und die Einstellungen der Unterrichtsteilnehmer (Lehrende ebenso wie Lernende) im Hinblick auf das Unterrichtsthema beschrieben, um sie mit den Ziel-, Inhalts-, Medien- und Methodenentscheidungen verknüpfen zu können.

Eine solche antizipierende Vorabanalyse ist durch Überlegungen zu ergänzen, die Einstellungen und Werthaltungen der Schülerinnen und Schüler in der Klasse vor und während des Unterrichts einbeziehen (Weißeno 1993, 23). Die Lehrerin bzw. der Lehrer können daher ihre/seine Unterrichtsplanung niemals allein auf die Ergebnisse der Jugend- und

Sozialisationsforschung stützen. Wichtiger sind die Beobachtungen, die sie/er in ihrer Klasse machen. Die Lehrerin bzw. der Lehrer muss versuchen, bei den einzelnen Schülerinnen und Schülern Bezüge zum Thema festzustellen. Darum bemüht er/sie sich oftmals vergeblich.

Des Weiteren werden die Unterrichtsbedingungen durch die *Rahmenbedingungen* politischer Bildung beeinflusst. Die öffentlichen Debatten, die Erwartungen der Parteien und Verbände, die Stellung des Faches im Schulprogramm, die Schulform, die Schulaufsicht, die Vorgaben in den Curricula prägen die politische Kultur in der Schule und in der Klasse. Über die Medien, Familien und Freundesgruppen sind darüber hinaus zusätzliche Kompetenzen vorhanden, die das Handeln der Heranwachsenden im Unterricht lenken und ihre Bereitschaft fördern oder hemmen, sich mit politischen Themen auseinander zu setzen. Diese politisch-gesellschaftlichen Rahmenbedingungen relativieren die intentionalen Lernprozesse und begrenzen den Handlungsspielraum des Lehrenden im Hinblick auf die Erweiterung, Korrektur, Bestätigung oder Präzisierung der vorhandenen Vorstellungen bei den Schülerinnen und Schülern. Sie wirken sich in jeder Klasse und bei den einzelnen Schülerinnen und Schüler immer wieder anders aus.

So notwendig die Einbeziehung der Forschungsergebnisse in die Planung des Unterrichts erscheint, so muss auch darauf hingewiesen werden, dass hier dem Lehrenden Grenzen gesetzt sind. Entscheidend ist nicht die – ohnehin nicht erreichbare – Vollkommenheit der Überlegungen. Wichtig ist, dass sie nicht gänzlich ausgespart bleiben.

Es lohnt sich, über die Einstellungen der Schülerinnen und Schüler zu dem jeweiligen Themenbereich gründlich nachzudenken. Dafür ein Beispiel (Kroll 1999):

Ein Referendar führt mit seiner Klasse ein Rollenspiel durch. In einer simulierten „Fraktionssitzung" diskutieren Schülerinnen und Schüler in der Rolle als Abgeordnete die Frage: Soll die CDU nach einer Entscheidung des Bundestages über den § 218 das Bundesverfassungsgericht anrufen oder nicht? Eine Schülerin weigert sich, die Rolle eines Abgeordneten zu spielen und dessen Argumentation vorzutragen. Der Protest zeigt, dass zumindest Melanie den Inhalt der Stunde anders auffasst als ihr Lehrer und dass sie wegen dieses Inhalts die ihr zugedachte Rolle nicht zu übernehmen bereit ist. Ihr geht es in dieser Stunde um ein moralisches Problem, das sie persönlich betrifft. Diese Betroffenheit macht es ihr schwer, eine Rolle zu übernehmen, in der sie gegen ihre eigene Überzeugung argumentieren müsste. Ihr Widerstand zeigt: Melanie kann oder will sich nicht von der Beschäftigung mit dem moralischen, sie als Person unmittelbar betref-fenden Problem lösen; sie wendet sich nicht der politischen Auseinandersetzung zu, ob die CDU nach der Entscheidung des Bundestages das Bundesverfassungsgericht anrufen soll oder nicht. Die Rolle, die ihr zugedacht ist, enthält für sie einen moralischen Standpunkt, den sie nicht teilen kann. Die politischen Aspekte ihrer Rolle nimmt sie nicht wahr. Sie übersieht, dass im Rollenspiel gar nicht eine moralische, sondern eine politische Frage verhandelt wird, und sie einen politischen Akteur in einer politischen Auseinandersetzung zu spielen hat. Hätte sie ihre Rolle so interpretiert, dann hätte ihr vielleicht die Distanz, die sie als Schülerin zu dem politischen Geschehen und zu den politischen Überlegungen eines Abgeordneten besitzt, die Ausgestaltung der Rolle ermöglicht. Dem Referendar kommen die Einwände von Melanie ungelegen. Er geht nicht weiter darauf ein und zieht sein Rollenspiel wie geplant durch. Hätte er in der Planung die Voreinstellungen speziell der Mädchen zu dieser Thematik näher durchdacht, dann hätte er erkennen können, dass zumindest einige Schülerinnen an der politischen Auseinandersetzung wenig, an den moralischen Fragen im Zusammenhang mit dem § 218 dagegen sehr interessiert sind.

Karin Kroll interpretiert diese Szene aus einer *geschlechtsspezifischen* Sicht (vgl. auch 2001): Lehrerinnen und Lehrer gehen nur unzureichend auf die Bedürfnisse der Mädchen ein, weil sie sich der geschlechtsspezifischen Unterschiede nicht bewusst sind.

Generell kann man davon ausgehen, dass die Kenntnisse der Schülerinnen und Schüler meist gering sind. Hat aber der Religions-, Deutsch-, Geschichts- oder Geographielehrer gerade ein ähnliches Thema durchgeführt, dann sind Wissensbestände durchaus vorhanden; die Motivation allerdings dürfte dann noch geringer sein als gewöhnlich („Nicht schon wieder!"). Auch die Frage nach den Einstellungen führt nicht selten zu überraschenden Antworten. Bei den Gegenstandsbereichen wie „Bundeswehr, Umwelt, Sozialpolitik" zeigen viele der heutigen Jugendlichen eine Haltung, wie sie vor fünf Jahren nur selten anzutreffen war. Viele Politiklehrerinnen und -lehrer klagen schließlich über das Desinteresse ihrer Schülerinnen und Schüler an Politik. Bei den meisten Klassen kann man das aber so pauschal nicht sagen. Häufig gibt es vier bis fünf interessierte Unterrichtsteilnehmer; das Gros der Lernenden steht politischen Vorgängen zunächst fern gegenüber und besitzt darüber kaum Kenntnisse. Im Übrigen hängt das Interesse nicht nur von unterschiedlichen Lernertypen, sondern auch vom Lehrstil, der Anlage des Unterrichts und der Persönlichkeit des Lehrenden ab.

Die Lernertypen (Weißeno 1989) entwickeln in einigen Punkten vergleichbare lernerdidaktische Vorstellungen, Motivationen, Einstellungen und Grundhaltungen.

1. Der *politisch orientierte Lernertyp* kommt meist aus einem Elternhaus, in dem – besonders bei aktuellen Anlässen – häufig über Politik gesprochen bzw. diskutiert wird. Damit einher geht der Wunsch, politische Kenntnisse im alltäglichen Leben nutzen zu können. Deshalb wird das Augenmerk auf die Ziele und Prozesse von Politik, auf Herrschafts- und Machtfragen gelenkt. Der politisch orientierte Lernertyp versucht sich mit aktuellen Geschehnissen rational auseinander zu setzen und die Emotionen in eine Analyse politischer Lösungs- und Gestaltungsmöglichkeiten zu lenken.
2. Für den *soziologisch orientierten Lernertyp* ist die Bedeutung des Elternhauses relativ gering, die der Schule, des Freundeskreises und der eigenen Information relativ hoch, da

der Wunsch dominiert, sich selbst eine Identität auf der Grundlage sich widersprechender Werte und Verhaltensmuster zu bilden. Eindeutig identifizierbar ist eine sozialpsychologische Grundeinstellung als besonders markanter Fixpunkt dieses Lernertyps. Die Selbstinterpretation ist ebenso ein existentielles Bedürfnis wie die Analyse sozialer Strukturen. Gleichwohl findet dieser Typ auch Zugang zu politischen Fragen. Auch dieser Lernertyp möchte das im Unterricht erworbene Wissen im Alltag anwenden können.

3. Der *ökonomisch orientierte Lernertyp* schließlich zeichnet sich durch eine relativ enge Beziehung zum Elternhaus aus. Ökonomie und Politik werden meist zusammen perzipiert. Auf der Ebene prinzipieller lernerdidaktischer Überlegungen dominiert eindeutig die Vorliebe für abstraktes Lernen, das eher selten durch problemorientierte Ansätze durchbrochen werden muss. Dieser Lernertyp ist an sicheren Fakten interessiert, Diskussionen dienen mehr dem Austausch von Meinungen, weniger der Erarbeitung von Wissen.

Diese in den Lernertypen (Carla Schelle hat noch den historisch und den kulturell orientierten Typ hinzugefügt) aufscheinende Heterogenität der Einstellungen und Interessen stellt eine Herausforderung für Lehrende dar. Spreche ich einen Lernertyp durch die Inhalte und Art des Unterrichts nicht an, sinkt dessen Interesse. Entsprechend gering ist daher zunächst die Bereitschaft zur Mitarbeit im Politikunterricht – das gilt aber auch für andere Fächer. Hier gilt es Brücken zu bauen und Ankerplätze für die Lernstrategien der Schülerinnen und Schüler anzubieten, denn einen Zugang zu politischen Fragen finden alle drei Lernertypen. Zu soziologischen und ökonomischen Fragen finden nicht alle einen Zugang. Das Fach wird erst über politische Fragen für alle Schülerinnen und Schüler interessant.

Trotz dieser Vorbedingungen darf die Lehrerin bzw. der Lehrer nicht davon ausgehen, dass der Unterricht sozusagen bei Null beginnt. Die Lernenden verfügen immer schon über ein bestimmtes – wenn auch oftmals recht verqueres – Vorwissen zu einem Thema, das reflektiert werden kann. Genauer lassen sich diese Wissensstrukturen wie auch die bereits bekannten methodischen Fertigkeiten und Umgangsformen im Klassenzimmer erst im Verlauf des Unterrichts ermitteln.

3.2 Lernpsychologische Momente in der Bedingungsanalyse

Neben dem Vorwissen und den Einstellungen der Schülerinnen und Schüler sind entwicklungs- und kognitionspsychologische Momente des Lernens zu beachten (Weinert 1996; Mietzel 1998). Gerade für Berufsanfänger ist es nicht leicht die kognitiven Fähigkeiten und den Reifegrad der Schülerinnen und Schüler einzuschätzen. Da Lernen im Politikunterricht im Erwerb von Kenntnissen und in der Analyse sowie der Beurteilung von politischen

Problemen, Prozessen und Strukturen besteht, kann die kognitive Lernpsychologie zwar eine Vielzahl von Argumenten für politisches Lernen und Handeln liefern, jedoch weder eine in sich geschlossene Theorie politischen Lernens noch die Ableitung für ein fachdidaktisches Konzept anbieten. Mit *Lernen* bezeichnet man in der Psychologie häufig Vorgänge vor allem im Gehirn, die durch Erfahrung und Übung bedingt sind und eine relativ dauerhafte Veränderung bzw. Erweiterung der Verhaltensdispositionen und des Wissens zur Folge haben. Die behavioristischen und kognitiven Lerntheorien beschäftigen sich mit der Erforschung und Erklärung der Lernformen:

1. Nach der klassischen *Konditionierung* wird Strafe oder Belohnung für erwünschtes Verhalten eingesetzt (Pawlow, Thorndike).
2. Wenn die wiederkehrenden Strukturen von Beobachtungen übernommen werden, ist die *Imitation* eines Modells die grundlegende Lernform.
3. Das Reiz-Reaktionsschema (Thorndike, Skinner) erklärt Lernen durch Versuch und *Erfolg/Irrtum.* Zufällige Verhaltensformen führen zum Erfolg und Misserfolg und ermöglichen bei analogen Situationen erwünschtes Verhalten.
4. Die *kognitive* Lernpsychologie (Ausubel, Gagné, Piaget) unterscheidet vor allem verbales Lernen, Begriffslernen und problemlösendes Denken. Ein Mensch lernt dann, wenn er eine konkrete Erfahrung – real oder fiktiv – in eine abstrakte Beziehung zu einer Regel setzen kann.
5. Für *konstruktivistische* Lerntheorien ist Lernen ein selbstständig sich vollziehender Akt. Der Unterricht macht den Lernenden Angebote und fördert den individuellen Aneignungsprozess durch geeignete Lernumwelten.

Die Art der zu erbringenden kognitiven Leistungen ist dem Niveau und den Lerntypen anzupassen. Der Aufbau eines hierarchisch organisierten Alltagswissens über Politik geschieht durch langjähriges Inhaltslernen und durch die Teilnahme an Reflexions- und Kommunikationsprozessen. Das Offenhalten der politischen Urteilsbildung ist eine Grundbedingung politischen Lernens, so dass sich behavioristische Lerntheorien („politische Reize“) kaum für die politische Bildung eignen. Da politische Gegenstände immer mit Interessen, mit Wertungen, mit Entscheidungen, mit Auseinandersetzungen zu tun haben, müssen sie in dieser Problemstruktur erarbeitet werden und können nicht auf Erfolgs-, Modell- oder Strukturlernen allein reduziert werden.

Unterschiedliche Lerntypen (visuelle, auditive, taktile Eingangskanäle) erfordern darüber hinaus entsprechende Lernarrangements. Über handlungsorientierte Methoden (Breit/Schiele 1998) können gleichermaßen Erfahrungen mit Politik ermöglicht und Einsichten in das Politische gefördert werden. Aufgabe der Lehrerinnen und Lehrer ist es, beziehungsmäßige Kontexte für das Lernen zu schaffen, die den Schülerinnen und Schülern einen eigenen und konstruktiven Umgang mit den Inhalten erlauben. Die Sinnerfahrung von Handlungen und dabei erworbenes Wissen, die Beteiligung der

Lernenden an der Normfindung im Verständigungsprozess, die Ermöglichung eigener Konstruktionen sichern ein kreatives Lernverständnis und schützen davor Inhalte eintrichtern zu wollen.

3.3 Das Alltagswissen der Schülerinnen und Schüler

Das politische Alltagswissen und das wissenschaftliche Wissen der Lehrenden fließen genauso in die Bedingungsanalyse ein wie das tatsächliche oder vermutete Alltags- und Handlungswissen der Schülerinnen und Schüler. Die Lehrerinnen und Lehrer müssen sich zunehmend auf Brüche und Widersprüche in der Unterrichtstätigkeit gefasst machen. Das Wissensmonopol der Lehrenden ist durchbrochen; sie müssen verstärkt Brücken zwischen der Sachlogik und der bereits entfalteten Logik eines Lernenden schlagen, die auf zahlreichen Informationen beruht. Verstärkt besteht deshalb eine Aufgabe der Lehrerin bzw. des Lehrers darin, nach Verbindungsmöglichkeiten von unterschiedlichen Wissensbeständen zu suchen. Auf Grund der fachlichen Sicherheit kann sie /er sich auf die Heterogenität der heutigen Schülergeneration einlassen, auf individuelles Lernen reagieren und für den Austausch der verschiedensten Wissensbestände sorgen (Weißeno 1997a, 28 f.).

Das folgende Beispiel stammt aus einem Stundenentwurf zum Thema: „Werden Nachrichten gemacht? – Schüler machen Nachrichten!“ In ihm versucht ein Referendar die Beobachtungen aus dem Unterricht zum Gegenstand des Unterrichts zu machen und mit dem Thema und den weiteren Unterrichtssequenzen zu verbinden. In seiner Bedingungsanalyse geht er ebenso auf die Spezifika des Medienkonsums seiner Schülerinnen und Schüler im Verhältnis zu den Jugendlichen dieses Alters allgemein ein wie auf die im bisherigen Verlauf der Unterrichtseinheit sichtbar gewordenen Einstellungen und Vorkenntnisse. Insofern ist dies ein positives *Beispiel für eine Bedingungsanalyse:*

Die Schülerinnen und Schüler der Klasse 6a haben großes Interesse am Politikunterricht und beteiligen sich motiviert im Unterricht. In Bezug auf das Thema Fernsehen unter-scheiden sie sich zum Teil in ihren Sehgewohnheiten und dem Umgang mit dem Medium Fernsehen und Nachrichten deutlich von dem Altersdurchschnitt: Vornehmlich die Mädchen dieser Lerngruppe unterliegen vom Elternhaus aus strengen Regeln und Restriktionen. Zugleich ist der Umgang dieser Gruppe mit dem Medium für das Alter sehr kritisch und steht im deutlichen Gegensatz zu dem weniger reflektierten (alters-typischen) Konsumverhalten der Mitschüler. Dieser Gegensatz erwies sich bisher für den Unterricht als förderlich, insbesondere wenn es um kontroverse Themen und Stel-lungnahmen der Schüler ging. Die Schülerinnen und Schüler haben sich u.a. mit den unterschiedlichen Sehgewohnheiten der Mitschüler (geschlechtsspezifische Auswertung) auseinander gesetzt und ihr Verhalten in Beziehung zum Altersdurchschnitt setzen können. Ausgehend von der großen Beliebtheit der Privatsender bei

den Schülern der Klasse 6a gegenüber den öffentlich-rechtlichen Sendern wurden diese Begriffe (privates und öffentlich-rechtliches Fernsehen) geklärt und die grundsätzliche Bedeutung von Rundfunkgebühren, Werbung und Einschaltquoten besprochen, so dass die Schüler und Schülerinnen sie in der Stunde, für die Unterricht geplant wird, anwenden können.
Die Schüler zeigten bisher eine differenzierte und kontroverse Einstellung dazu, was ihre Erwartungen an eine Nachrichtensendung und deren gesendeten Themen betrifft (Ist Schumacher oder der Amoklauf in Dillingen wichtiger als der Kosovo? Was ist interessanter? Was betrifft uns? Welche Nachricht hat Auswirkungen auf uns?). Auch über die Darstellung der Nachrichten gab es unterschiedliche Meinungen (Sollen Nachrichten aufgelockert, lustig und spannend präsentiert werden? Welche Darbietung spricht euch mehr an?).
In den darauf folgenden Stunden thematisiert der Lehrer die Aufgabe der Politik und das damit verbundene politische Problem: Kann und soll die ‚Politik' eingreifen? Wird dadurch die Rundfunkfreiheit gefährdet? Was sind die Folgen einer völligen Freiheit der Medien? Welche Gefahren lauern bei Eingriffen der ‚Politik'? Besitzen die Bürgerinnen und Bürger Einfluss auf diese Prozesse?

Angehende Lehrerinnen und Lehrer machen sich die Klärung der Unterrichtsbedingungen häufig zu leicht. Sie tragen Angaben zu der Schule, zum Stadtteil, in der sich die Schule befindet, zu den Lehr- und Lernmitteln in der Schule und vor allem zu den Schülerinnen und Schülern mit großem Fleiß zusammen. Sie haben aber dabei den Bezug zum Unterrichtsvorhaben aus dem Auge verloren. Doch gerade darauf kommt es an. Die Klärung der Unterrichtsbedingungen stellt keinen Selbstzweck dar; sie beeinflusst alle Unterrichtsüberlegungen und -entscheidungen.

3.4 Der Lehrende als Teil der Bedingungsanalyse

Auch die Vorstellungen und Werthaltungen der Lehrenden gehören zur Bedingungsanalyse. Machen die Lehrerin bzw. der Lehrer sich bewusst, dass sie/er Sympathie für einen Akteur oder eine Partei (z.B. für den Bundeskanzler, den bayerischen Ministerpräsidenten, die PDS, die CSU) bzw. eine Abneigung gegenüber einer bestimmten politischen oder gesellschaftlichen Richtung (z.B. gegenüber der Frauenbewegung) hegt, so kann sie/er bei der Planung rechtzeitig auf mögliche andere Positionen achten. Die *Selbstreflexion* über die Lehrerrolle ist erforderlich um Distanz zur eigenen Person zu schaffen und sich für die Wahrnehmung der Schülerinnen und Schüler zu sensibilisieren. Eine Bedingungsanalyse, die auch die eigene Person mit einschließt, trägt zur Einhaltung des Überwältigungsverbotes im Beutelsbacher Konsens bei (Schiele, Schneider 1996).

Daraus ergibt sich für die Lehrerinnen und Lehrer die Schwierigkeit, zwischen *Meinen* und *Urteilen* zu balancieren. Bei einem politischen Sachverhalt (Problem, Auseinandersetzung, Entscheidung, Strukturzusammenhang) dient bloßes Meinen mehr der (Selbst-) Inszenierung von Voraus-Urteilen. Dominieren individualisierende Sichtweisen, dann kann sich Beliebigkeit einstellen. Politisches Urteilen erfordert indes mehr. Deshalb darf ein Lehrender sich nicht darauf beschränken, den unterrichtlichen Meinungsaustausch zu moderieren (Politikunterricht = Laberfach), sondern er muss gezielt solche politische Inhalte bzw. Denkaufgaben in das Unterrichtsgeschehen „einspeisen", die eine politische Analyse und Urteilsbildung befördern. Und er muss in der Lage sein, diese Aufgaben selbst mit Hilfe der in den Modulen 1 und 2 genannten Verfahren systematisch durchzuführen. Hierzu meint ein Fachleiter:

Interviewer: Ist es nicht die besondere Rolle des Politiklehrers, die sich in manchen Punkten unterscheidet von der Rolle des Lehrers allgemein?
Fachleiter C: Also die Referendarinnen und Referendare, die ich so erlebt habe, sind häufig ganz gut in der Lage, ihre Rolle als Sozialwissenschafts-/Politiklehrer auszufüllen. Auch diese doch von anderen Fächern verschiedene, unterschiedliche Rolle. Aber wenn das Fachwissenschaftliche fehlt, dann wird der Unterricht dünn, ich kann nett und hübsch und alle möglichen Methoden auch mit den Schülern erproben, aber wenn ich selber zu wenig zu bieten habe, dann bleibt das dünn und dann wird das, dann kommt das nicht zu der Möglichkeit, die eigentlich da drinsteckt.

Die Lehrerin bzw. der Lehrer muss in der Lage sein, den Schülerinnen und Schülern etwas zu bieten und als *Experte* im Unterricht aufzutreten („wenn ich selber zu wenig zu bieten habe"). Dies setzt voraus, dass er sich in wissenschaftliches Wissen einarbeitet. Es bedeutet nicht, dass dieses Wissen einfach im Unterricht zur Anwendung gebracht werden kann. In der Schule wird eine Lehrerin oder ein Lehrer mit einer solchen Vorgehensweise scheitern. Wer etwas erreichen will, darf sich nicht darauf beschränken Expertenwissen zu vermitteln. Fachwissenschaftliche Kenntnisse bilden die Grundlage für guten Unterricht, wenn sie mit anderen Momenten des Unterrichts in Verbindung gebracht werden.

Im Politikunterricht ergeben sich zwangsläufig immer wieder Situationen, in denen der Lehrende und die Lernenden Unwissende sind. Denn Politik beschäftigt sich mit der Zukunft, mit Prognosen und Gestaltungsmöglichkeiten, deren Ergebnisse offen sind. Gerade in der Politik gibt es oftmals eine wenig gesicherte Wissensbasis (z.B. während des Krieges in Bosnien oder Afghanistan), so dass es darauf ankommt, mit dem Nicht-Wissen-Können reflektierend umzugehen. Außerdem gibt es durchaus Themen, in die sich die Schülerinnen und Schüler selbstständig eingearbeitet haben und in denen sie deshalb durchaus auch einmal wissender als die Lehrenden sein können. Schließlich stehen sich Lehrende und Lernende bei Analyse- und Urteilsaufgaben gleichberechtigt gegenüber. Die

Schülerinnen und Schüler sollen ja gerade nicht eine fremde Ansicht übernehmen, sondern sich ihr eigenes Urteil bilden. Nur so können sie auf die Wahrnehmung der Bürgerrolle in der Demokratie vorbereitet werden (Breit, Massing 2002). Die Lehrerrolle ist daher im Politikunterricht durch einen Spagat gekennzeichnet: der Lehrende besitzt durch sein Studium zwar fachliche Kompetenz und Überlegenheit gegenüber den Lernenden, in der Bürgerrolle aber stehen den Schülerinnen und Schülern die gleichen Rechte, Pflichten und Möglichkeiten zu wie dem Lehrer bzw. der Lehrerin.

Die Qualität des Unterrichts hängt ab von den fachlichen und pädagogischen Kompetenzen eines Lehrenden, die in die Lehrer-Schüler-Beziehung eingebracht werden. Die Lehrvoraussetzungen beeinflussen beabsichtigt oder unbeabsichtigt die Lehr-Lern-Prozesse.

In der Regel sind die unterrichtlichen Interaktionen durch Machtunterschiede gekennzeichnet. Trotzdem darf die *Meinung des Lehrenden* niemals indoktrinierend wirken oder die Lernenden in ihrer Autonomie einschränken. Seine Stellungnahme zu aktuellen politischen Vorgängen kann mit der einiger Schülerinnen und Schüler übereinstimmen, zugleich aber von der anderer Unterrichtsteilnehmer sich unterscheiden. Wichtig ist, dass alle in der Klasse sich gegenseitig einen eigenen Standpunkt zugestehen und diesen respektieren. Lehrer und Schüler argumentieren untereinander wie die gleichberechtigten Bürgerinnen und Bürger in einer demokratischen Gesellschaft. Eine demokratische *Beziehung* kann sich dann entwickeln, wenn ein Lehrender in Urteilsfragen Position bezieht, die Lernenden ihre eigenen Schwerpunkte bilden lässt, gegenteilige Meinungen zulässt, einbringt und schützt sowie Kontroversen aufscheinen lässt.

Die unterrichtliche Interaktion und Kommunikation sind des Weiteren durch die *geschlechtsspezifischen Unterschiede* geprägt, die meist nicht bewusst sind. Karin Kroll (2001, 255) kommt zu dem Schluss: Die „tradierten Leitbilder von Weiblichkeit und Männlichkeit gestalten den Politikunterricht heimlich mit. Der ältere routinierte Lehrer, die junge Lehrerin und der Studienreferendar reflektieren weder ihre eigene Geschlechtsidentität noch die unterschiedlichen Geschlechtsidentitäten der Schülerinnen und Schüler. Aus diesem Grund können sie die Differenzen zwischen den Geschlechtern nicht wahrnehmen und nicht in ihrer Planung und Durchführung des Unterrichts und in ihrer Gesprächsführung berücksichtigen." Eine geschlechtergerechte Politikdidaktik (Richter 2000, 223 f.) erfordert die Berücksichtigung weiblicher und männlicher Identitäten in der Planung und Durchführung des Unterrichts.

Urteilsbildung wird immer dann fruchtbar angebahnt, wenn den Lehrenden die Balance zwischen *Neutralität* und *Authentizität* gelingt. Die Schülerinnen und Schüler erwarten ein affektiv-distanziertes Unterrichten und zugleich die Herstellung eines authentischen, expressiven Bezugs. Die affektiven Ansprüche an die Lehrenden können nicht ignoriert werden und somit ist es erforderlich, dass der Lehrende auch (parteipolitisch) Position bezieht. Allerdings ist vor einer Aufdringlichkeitspädagogik zu warnen, die den Schülerinnen und Schülern keinen Schutz bietet. Eine Politiklehrerin bzw. ein Politiklehrer muss sich um demokratisches Verhalten bemühen und Verhaltensnormen wie Gleichberechtigung und Solidarität vorleben. Lehrerinnen und Lehrer stehen demnach gewissermaßen vor einem Paradox: Einerseits kann ein Unterricht nur erfolgreich sein, wenn er sich konsequent an den Bildungsprozessen der Schüler orientiert; andererseits erwarten Schüler eine authentische, demokratische und politische Lehrerpersönlichkeit, die überdies ein freies, gleichberechtigtes und solidarisches Klassenklima glaubwürdig aufbauen kann.

Beziehungs- und *Erziehungsarbeit* lassen sich über den Zweck des Lernens erreichen. Sachgebundenheit und Begrenztheit des pädagogischen Auftrags stehen der Vorstellung von der umfassenden Gestaltbarkeit der politischen Lernwege entgegen. Das Moderieren des Meinungsaustauschs reicht aber ebenso wenig zur Führung aus wie der Versuch des Vorlebens oder des rigiden Anordnens. Führung kann am ehesten gelingen, „wenn ein Lehrer penetrant sagt, wo es langgeht; wenn er nonverbal in die gewünschte Richtung vorausagiert; wenn er zunächst vage Angebote, später aber klare, feste Statements abgibt" (Weißeno 1995, 250). Und die Richtung führt die Lernenden immer in Entscheidungssituationen, in denen sie selbstständig denken und handeln müssen. Sie sollen für sich bestimmen, worin ihre Interessen liegen, was sie politisch bevorzugen oder ablehnen, an welchen Werten sie sich orientieren und wie sie diese auslegen. Die Versuchung für den Lehrer ist groß, von dem Prinzip der Offenheit abzuweichen und den Schülerinnen und Schülern nicht nur die Richtung vorzugeben, sondern auch die eigenständige Entscheidung abzunehmen. Schon aus Bequemlichkeit folgen ihm dabei nicht wenige Lernende nur allzu gerne.

3.5 Der Lehrende als Beamter

Die Schule unterliegt der Aufsicht des Staates und das schulische Leben ist durch eine Fülle von Verordnungen eingeengt. Sie sind „politisch geladen. Die legitime Absicht, Verfassungstreue und freiheitlich-demokratische Grundsätze zu sichern, mischt sich mit der Angst davor, politischen Gegnern womöglich Spielraum für revolutionäre Umtriebe zu geben" (Hilligen 1987, 244). Im Übrigen ist dies eine spannungsgeladene Aufgabe, die an die Profession gestellt wird: In seiner Rolle als Beamter arbeitet ein Lehrender in der denkbar größten (nationalen) Organisation: dem Staat, woraus ganz besondere Einschränkungen, aber zugleich die materiale Positionsverteilung erwachsen. In seiner Rolle als Erzieher dagegen arbeitet er allein auf sich gestellt und im Rahmen seiner pädagogischen Freiheit, die natürlich ein Stück gewährte Autonomie beinhaltet. Also muss der Lehrende einerseits für den demokratischen Staat werben und andererseits Distanz zur Sache (zum Inhalt seines Unterrichts) ermöglichen. Da demokratische Verfassungen in der Regel offene Verfassungen ohne ein Interpretationsmonopol sind, lässt sich die Erziehung zur Demokratie nicht linear umsetzen. Hier ist professionelles Handeln erforderlich.

Darüber hinaus gibt es *Richtlinien*, die als politische Setzungen die Lehrfreiheit des Lehrers weiter einschränken und die in der Regel nicht wissenschaftlich begründbar sind. Sie werden von Lehrerinnen und Lehrern verfasst im Auftrag eines Kultusministers, der damit den Unterricht schulpolitisch lenken möchte. Formuliert wird ein Plan-Soll, dessen Einhaltung von Vorgesetzten reklamiert und sogar überprüft wird im Rahmen von Einsprüchen, der Genehmigung von Abituraufgaben, der Beförderungen etc. Die Zielvorgaben entsprechen der Landespolitik, sind mit Eltern- und Lehrerverbänden abgestimmt und entsprechen den jeweils aktuellen Trends in der öffentlichen Diskussion. Politikdidaktische Orientierungen und Konzeptionen spiegeln sie kaum wider; ihr Anspruch liegt in der öffentlichen und nicht in einer wissenschaftlichen Legitimation des Handelns im staatlichen Auftrag.

Die Politiklehrerrolle wird indessen nicht nur durch die Schulorganisation, sondern darüber hinaus durch die Auftraggeber der öffentlichen Pflichtschule geprägt. Die *gesellschaftlichen Verhältnisse* bzw. die Gesamtheit der gemeinsamen Lebensverhältnisse prägen die Erwartungen an die Lehrerinnen und Lehrer. Dies wurde zur Zeit der Berufsverbote besonders deutlich; damals herrschte ein Klima, das die *Freiheit* eines Politiklehrers durchaus mehr einschränkte, als dies heute der Fall ist. Trotzdem kann man auch für die heutige Zeit formulieren: „Die Orientierung auf bestimmte normative Prämissen des Mainstream wirkt bewusst oder unbewusst auf das Verhalten der Lehrerinnen und Lehrer, da es in ihr Alltagsbewusstsein genauso einfließt wie in das eines Schulaufsichtsbeamten." (Weißeno 1995, 249).

3.6 Die Bedingungsanalyse im Implikationszusammenhang

Mit der Bedingungsanalyse wird insbesondere der Blick auf die Lernenden gerichtet. Die Bedingungen des Unterrichts werden auf eine konkrete Situation bezogen und mit den Inhalten, Themenstellungen und Methodenentscheidungen vermittelt. Dieser Zusammenhang lässt sich am Beispiel der Betroffenheit verdeutlichen, die oftmals im Politikunterricht entsteht oder bereits besteht. Mit „Betroffenheit" wird eine besondere Anforderung an den Inhalt des Unterrichtsvorhabens bezeichnet. Der Inhalt soll so beschaffen sein, dass der Unterricht die Schülerinnen und Schüler anspricht, ihr Interesse weckt, und bei ihnen Gefühle auslöst. Das Unterrichtsvorhaben soll also für die Lernenden nicht nur objektiv bedeutsam sein, sondern von ihnen auch als wichtig empfunden werden. Ein Jugendlicher wird nur dann bereitwillig einen sozialen und politischen Sachverhalt untersuchen, beurteilen und ihm gegenüber eine Handlungsorientierung entwickeln, wenn er diesen Sachverhalt als eine Sache ansieht, die ihn etwas angeht.

Drei Arten von *Betroffenheit* können unterschieden werden (Breit 1995):

- emotionale Betroffenheit (Beispiele: Reaktionen von Jugendlichen beim Ausbruch des Golf- und des Kosovo-Krieges; Euphorie über den Fall der Berliner Mauer; Trauer über den Tod von Astro- bzw. Kosmonauten bei der Explosion einer Weltraumrakete; die Zerstörung des World Trade Centers in New York am 11. 9. 2001),
- Betroffenheit aus Eigeninteresse heraus (Lehrstellenmangel, Jugendarbeitslosigkeit, Einsätze der Bundeswehr),
- Betroffenheit aus Empathie für den anderen, für den Mitmenschen (Fallbeispiele).

Nur bei wenigen Themen kann bei den Unterrichtsteilnehmern emotionale Betroffenheit oder Betroffenheit aus Eigeninteresse heraus vorausgesetzt werden. Betroffenheit aus Empathie für den anderen, für den Mitmenschen entsteht oft bei einer Fallanalyse. Durch die Übernahme der Sichtweise der in dem Fall agierenden Personen wird Anteilnahme und/ oder der Gerechtigkeitssinn der Jugendlichen geweckt (Breit 1991).

4. Modul 4: Ziele

Bereits im Modul „Politikdidaktische Perspektiven" sind wir auf Ziele des Politikunterrichts eingegangen. Die Lehrerin oder der Lehrer denkt mögliche Inhalte aus dem Gegenstandsbereich mit Zielen des Politikunterrichts zusammen. Bei der Bildung von politikdidaktischen Perspektiven stehen sowohl der zukünftige Unterrichtsinhalt als auch die Ziele der Einheit noch nicht endgültig fest. Je mehr der Planungsprozess fortschreitet, desto präziser kann die Lehrerin oder der Lehrer Inhalte und Ziele eingrenzen und beschreiben. Das Ausformulieren der eigenen Intentionen, der zentralen „Botschaften" des Unterrichts ist unverzichtbar, weil sie dem Lehrenden Sicherheit im Unterricht geben. Ohne Ziele verliert er früher oder später die Orientierung. Ohne Zielsetzung kann er die Äußerungen seiner Schülerinnen und Schüler nicht nutzen. „Dem dient kein Wind, der keinen Hafen hat, nach dem er segelt" (Seneca). Je intensiver man sich mit der politikdidaktischen Perspektive beschäftigt hat, je genauer man sich bei der fortschreitenden Planung die Zielsetzung des Unterrichtsvorhabens klar macht, desto leichter fällt es, Ziele im Plan schriftlich zu formulieren. Kann die Lehrerin oder der Lehrer die Ziele des Unterrichtsvorhabens für sich selbst und die Schülerinnen und Schüler transparent machen, dann kann sie/er auch flexibel auf Deutungsangebote aus der Klasse reagieren.

Manche Lehrerinnen und Lehrer machen sich im Schulalltag nur wenige Gedanken über die Ziele ihres Unterrichtsvorhabens. „Wenn ich zu einem Thema einen passenden Text habe und den in die Klasse hineingebe, dann läuft der Unterricht ganz von allein. Da brauche ich keine Ziele." Der Lehrende, der mit solchen oder ähnlichen Sätzen über Ziele redet, nimmt seine Verantwortung für den Lehr-Lern-Prozess nicht wahr. Wer mit dem Politikunterricht etwas erreichen will, muss über Ziele nachdenken. Denn auch für den Politikunterricht gilt der Satz von Lessing: „Der Langsamste, der sein Ziel nicht aus den Augen verliert, geht noch immer geschwinder als jener, der ohne Ziel umherirrt."

4.1 Allgemeine Zielsetzungen im Politikunterricht

Die Würde des Menschen bildet das Fundament der demokratischen Staats- und Gesellschaftsordnung in der Bundesrepublik Deutschland (Art. 1 GG). Freiheit bildet den wesentlichen Bestandteil menschlicher Würde (Breit 2000a, 219 ff.). In einer Demokratie besitzt der Einzelne die Möglichkeit, über sein Leben selbst zu bestimmen und seine Persönlichkeit frei zu entfalten (Art. 2 GG).

Freiheit setzt Mündigkeit voraus. Diesen Zusammenhang hat Immanuel Kant in zeitlos gültiger Weise formuliert. Für ihn ist Unmündigkeit „das Unvermögen, sich seines Verstandes ohne Leitung eines anderen zu bedienen. Selbstverschuldet ist diese Unmündigkeit, wenn die Ursache derselben nicht am Mangel des Verstandes, sondern der Entschließung und des Mutes liegt, sich seines eigenen Verstandes zu bedienen. Sapere aude! Habe den Mut, dich deines eigenen Verstandes zu bedienen! Ist also der Wahlspruch der Aufklärung" (Kant 1964, 53).

Nur der mündige Mensch kann Freiheit wahrnehmen. Daher ist eine wichtige Aufgabe der Erziehung in Elternhaus und Schule, bei den Heranwachsenden die Bereitschaft und die Fähigkeit zu wecken, sich ihres eigenen Verstandes ohne Leitung eines anderen zu bedienen. In der Schule und im Unterricht sollen die Jugendlichen nicht vorgeschrieben bekommen, was sie zu tun und zu denken haben. Sie sollen vielmehr die Erfahrung machen, dass sie mit ihrem Verstand

- selbstständig denken, entscheiden und handeln können,

und als mündige Bürgerinnen und Bürger

- Verantwortung für ihr eigenes Tun und Mitverantwortung für die Gesellschaft, in der sie leben, tragen.

In jedem Schulfach sollten daher die Lehrerinnen und Lehrer ihren Unterricht daraufhin überprüfen, ob er Mündigkeit der Schülerinnen und Schüler fördert oder ob er sie in geistiger Abhängigkeit festhält (Breit 2002, 146 ff.).

4.2 Bürgerrollen und -leitbilder als Ziele des Politikunterrichts

Im Politikunterricht wird die soziale und politische Mündigkeit der Jugendlichen angestrebt (vgl. Himmelmann 2001). Die Heranwachsenden sollen in der Lage sein, im Umgang mit anderen und bei politischen Sachverhalten selbstständig zu denken und zu handeln. Wissen und Fähigkeiten versetzen den Einzelnen in die Lage, sich im Umgang mit anderen und in der „Politik" seines eigenen Verstandes ohne Leitung eines anderen zu bedienen.

Die Struktur der Sache „Politik" erfordert neben Kenntnissen eine Reihe von Kompetenzen, die Schülerinnen und Schüler im Politikunterricht erwerben. Eine Politiklehrerin bzw. ein Politiklehrer muss bei der Planung von Unterricht jene Kompetenzen und Werte im Blick haben, die für die Handlungsmöglichkeiten eines demokratischen Bürgers von Bedeutung sind. Die Gegenstände des Unterrichts haben nicht nur eine Zukunftsbedeutung; die Beschäftigung mit ihnen bahnt die Voraussetzungen für die Wahrnehmung bürgerlicher Freiheit (Rechte und Pflichten) und damit für die Übernahme der Bürgerrolle in der Demokratie an.

Der desinteressierte Bürger

Viele Bürgerinnen und Bürger sind an Politik wenig interessiert. Sie schaden sich selbst, weil sie für ihre Interessen nicht sachgerecht und kompetent eintreten können; sie stellen aber auch eine Gefahr dar (Breit 1996). Alle Politiklehrerinnen und alle Politiklehrer eint der Wunsch, dass ihre Schülerinnen und Schüler nach Beendigung ihrer Schulzeit nicht die Zahl der desinteressierten Bürger noch erhöhen. Politikunterricht muss sich daher zunächst einmal darum bemühen, das Interesse der Jugendlichen an Politik zu wecken und so zu festigen, dass es möglichst ein Leben lang anhält.

Um dies zu erreichen, will der Politikunterricht den Heranwachsenden einen Zugang zur „Politik" verschaffen. Die Schülerinnen und Schüler sollen befähigt werden, in einem Vorgang rasch zum „Kern des Politischen" (Massing, Weißeno 1995) vorzustoßen. Dazu sollen im Politikunterricht

- Kenntnisse vermittelt,
- Denkfähigkeiten (politische Analyse-, Urteils- und Handlungsfähigkeiten) ausgebildet,
- die Bereitschaft und der Wille zum politischen Denken und gegebenenfalls Handeln geweckt werden.

Diese Zielsetzung ist so allgemein formuliert, dass bestehende Differenzierungen leicht übersehen werden. Diese werden der Lehrerin bzw. dem Lehrer bewusst, wenn sie/er die Ziele unterschiedlichen Bürgerleitbildern zuordnet (vgl. Massing 1999b).

In der Didaktik der politischen Bildung werden derzeit drei Bürgerleitbilder unterschieden:

- *der Bürger als reflektierender Zuschauer oder kritischer Zeitungsleser,*
- *der interventionsfähige Bürger,*
- *der Aktivbürger.*

Der Aktivbürger

Ein Politikunterricht, der sich am Bürgerleitbild des Aktivbürgers ausrichtet, strebt bei den Jugendlichen an, ihre Bereitschaft und Fähigkeit zum politischen Handeln zu wecken und zu stärken. Politische Beteiligung darf sich danach nicht im Wesentlichen auf das Ausfüllen des Wahlscheines am Wahltag beschränken. So schön sich das liest, so sehr muss sich die Lehrerin oder der Lehrer dennoch über die Unerreichbarkeit dieser Zielsetzung im Klaren sein. Politische Beteiligung erfordert Zeit, Energie und Sachverstand (Himmelmann 1996, 87 ff.) und die kann eine Bürgerin oder ein Bürger neben den Belastungen durch Familie, Beruf und Freizeit nur selten im Leben und meist nur für kurze Zeit aufbringen. Alles andere ist Illusion – oder der betreffende Bürger befindet sich in der Entwicklung zum Berufspolitiker.

Der reflektierende Zuschauer

Der Politikunterricht kann eine bescheidenere Zielsetzung wählen und sich für das Leitbild vom Bürger als reflektierenden Zuschauer entscheiden. Hier steht die politische Analyse- und Urteilsbildung im Vordergrund. Theodor Eschenburg hat diese allgemeine Zielsetzung einmal kurz prägnant wie folgt beschrieben: „Keinesfalls kann es die Aufgabe der Schule sein, Politiker zu entlassen. Sie hat schon Großes geleistet, wenn aus ihr Zeitungsleser mit kritischem Verstand hervorgehen, weder mit Verstand ohne Kritik, noch mit Kritik ohne Verstand." (Eschenburg 1985, 243)

Der interventionsfähige Bürger

Das Leitbild vom „interventionsfähigen Bürger" verbindet die beiden Leitbilder vom „Aktivbürger" und vom „reflektierenden Bürger"; es stellt sozusagen einen Kompromiss zwischen beiden dar. Der Bürger wird in der Hauptsache als Zuschauer gesehen und überlässt den Politikern das Handeln. Er soll aber grundsätzlich in der Lage sein, in das politische Geschehen einzugreifen, zu intervenieren. In Anlehnung an die Diskussion um die Bürgerleitbilder und insbesondere um das Leitbild vom interventionsfähigen Bürger (Ackermann 1998, Breit 1998, Himmelmann 1998, Massing 1999b, Detjen 2000) kann folgende allgemeine Zielstellung formuliert werden:

Politikunterricht soll die Schülerinnen und Schüler zur politischen Kritik und zur politischen Beteiligung befähigen. Dazu sollen
- *ihnen Kenntnisse vermittelt werden,*
- *ihre Denkfähigkeiten ausgebildet werden und*
- *ihre Bereitschaft und ihr Willen zum politischen Denken und Handeln geweckt werden.*

Es ist Aufgabe einer jeden Politiklehrerin und eines jeden Politiklehrers sich über sein Bürgerleitbild und die sich daraus ergebende allgemeine Zielstellung für den Politikunterricht klar zu werden. Dabei muss sie/er sich immer bewusst sein, dass die Schülerinnen und Schüler über ihre zukünftige Ausgestaltung der Bürgerrolle in der Demokratie allein und selbstständig entscheiden werden.

Bürgerschaftliche Kompetenzen

Die Auseinandersetzung über das Leitbild vom interventionsfähigen Bürger wurde in der Fachwissenschaft (Buchstein 1995 2000, 2002; Münkler 1997, 2002) und in der Fachdidaktik (Ackermann 1998, Himmelmann 1998, Massing 1999, Detjen 2000, Himmelmann 2001, Breit/Massing 2002) recht lebhaft geführt. Dabei wurden die Kompetenzen, die zu diesem Bürgerleitbild bzw. zur Bürgerrolle in der Demokratie allgemein gehören, neu gefasst.

„Solche Kompetenzen können kognitiver, prozeduraler oder habitueller Art sein. Dabei sollen unter der kognitiven Kompetenz jene Voraussetzungen zusammengefasst werden, die gegeben sein müssen, damit sich ein politischer Akteur bei zunehmender funktionaler Dif-ferenzierung des Systems und komplexer werdenden Rahmenbedingungen verhalten kann. Mit kognitiver Kompetenz wird ein gewisses Niveau an Wissen und Lernfähigkeit/ Lernbereitschaft bezeichnet, von dem angenommen wird, dass nur unter seiner Voraussetzung Partizipationsfähigkeit gegeben ist. Dazu gehört ein Wissen über die institutionelle Ordnung des politischen Systems, über funktionale Zusammenhänge innerhalb dieses Systems sowie über seine weltpolitischen wie weltwirtschaftlichen Abhängigkeiten (...). Unter prozeduraler Kompetenz sollen dagegen jene Kenntnisse und Fertigkeiten zusammengefasst werden, die vorhanden sein müssen, damit ein potentieller politischer Akteur die im Rahmen der institutionellen Ordnung vorhandenen Einflussmöglichkeiten und Partizipationschancen auch tatsächlich wahrnehmen kann. Neben Kenntnissen über politische Zuständigkeiten und rechtliche Verfahren gehört dazu die Fähigkeit zur taktischen und strategischen Kooperation, um die präferierten Ziele und Vorstellungen politisch und rechtlich geltend machen zu können. Als habituelle Kompetenz werden jene Fähigkeiten und Einstellungen bezeichnet, die erforderlich sind, damit das als richtig Erkannte und verfahrenstechnisch Umsetzbare auch tatsächlich angestrebt und befördert wird. Kognitive und prozedurale Kompetenz werden hierin um einen habituellen Imperativ ergänzt, durch den Wissen und Erkennen in Handeln überführt werden. (...) Diese habituelle Kompetenz des Bürgers lässt Akteure auch dann tätig werden, wenn dies nicht in ihrem (ausschließlichen) Eigeninteresse liegt." (Münkler 1997, 156 f.)

Das Kompetenzmodell vom interventionsfähigen Bürger verdeutlicht, dass es im Politikunterricht vor allem um

– *kontroverses* Denken,

und

– die Produktion von Einfällen, Zielstellungen und *Aufgaben*

und

– die Ansprache von *Gefühlsqualitäten*, Meinungen, Werthaltungen

gehen muss.

Lernleistungen werden ganzheitlich erbracht; sie sind nicht nur produkt-, sondern in hohem Maße auch prozessorientiert. Die kognitive Dimension kann nicht einfach abgekoppelt werden und sich in Institutionenkunde, Wirtschaftskunde oder Weltproblemkunde erschöpfen. Deshalb lassen sich Ziele auch nicht ohne weiteres einem kognitiven, affektiven und psychomotorischen Bereich zuordnen, wie es die Lernzieltaxonomie in den 70er Jahren vorschlug. Emotion und Kognition, Betroffenheit und Bedeutsamkeit, Lebenswelt- und Politikorientierung, Denken und Handeln gehören zusammen, wenn man Ziele formuliert und Unterricht strukturiert. Der interventionsfähige Bürger als Leitziel politischer Bildung ist auf alle Bereiche des Lernens angewiesen, um die dazu notwendigen Kompetenzen auszubilden.

Politisches Handeln

Als Vorbereitung für das selbstständige politische Handeln lernen die Schülerinnen und Schüler im Politikunterricht politische Vorgänge zu analysieren und zu beurteilen. „Nur wenn die Bürger die Freiheits- und Mitwirkungsrechte im Rahmen der Grenzen des Grundkonsenses auch zu leben wissen und wenn die Bürger gleichzeitig einen ausreichenden, sich auf den Grundkonsens stützenden Gemeinsinn entwickeln – Demokratie also nicht allein als eine Summe von individuellen Freiheitsrechten begreifen –, wird eine Demokratie den verschiedenen Herausforderungen gerecht werden können“ (Forndran 1995, 59). Dieser Feststellung wird jede Politiklehrerin bzw. jeder Politiklehrer zustimmen. Nur, wie können Bürgerinnen und Bürger mitwirken? Hier eine Auflistung von Beteiligungsmöglichkeiten (vgl. Ackermann 1998; Heinecke 2001):

Beteiligungsmöglichkeiten von Bürgerinnen und Bürgern in einer Demokratie

sich sozial verhalten	den anderen wahrnehmen, dem anderen gegenüber soziale Tugenden beweisen (Höflichkeit, Pünktlichkeit, Zuverlässigkeit, Rücksichtnahme, Fairness), sich für den anderen aus Anteilnahme oder Gerechtigkeitsempfinden einsetzen,
sich demokratisch verhalten	in Diskussionen abweichende Meinungen anhören, im eigenen Umkreis die Menschenwürde und die Menschen- und Grundrechte achten und schützen, für Gewaltlosigkeit eintreten, Mehrheitsbeschlüsse in Familie, Schule und Arbeitsplatz anerkennen, Verantwortung übernehmen (z.B. in der SMV),
sich informieren	Zeitungen lesen, politische Rundfunk- und Fernsehsendungen verfolgen, Besuch von Wahlveranstaltungen, Bücher lesen,
die eigene Meinung sagen	mit anderen über Politik reden, Leserbriefe schreiben, mit Politikern reden,
sich organisieren	sich an einer Bürgerinitiative oder einer Wählerinitiative beteiligen, eine Demonstration organisieren, Mitglied in einem Verband oder in einer Partei werden,

politisch aktiv werden	an Wahlen teilnehmen, sich für oder gegen eine Unterschriftenaktion einsetzen, für politische Forderungen demonstrieren, an einer Bürgeranhörung teilnehmen, Verantwortung übernehmen in einer Bürgerinitiative, in einem Verband, in einer Partei, Kandidatur bei Wahlen,
sich unkonventionell verhalten	bürgerlicher Ungehorsam, gewaltloser Widerstand,
Gewalt anwenden	Gewalt ist weder „hip" noch ein Spaß, Gewalt ist kein Mittel der politischen Auseinandersetzung in einer Demokratie, Gewaltanwendung wird als Verbrechen bestraft. Wer Gewalt anwendet, kündigt den demokratischen Konsens auf; Gewalt führt zum „Krieg aller gegen alle" (Hobbes).

Liest man diese Auflistung, so fällt – bei allen Ergänzungs- und Veränderungsmöglichkeiten – auf, dass sich die *Beteiligungsmöglichkeiten* der Bürgerinnen und Bürger doch recht klein und unbedeutend ausnehmen. „Sich demokratisch verhalten", „sich informieren", „die eigene Meinung sagen" – angesichts derartiger „Chancen" werden sich Jugendliche fragen, ob ihre Anstrengungen bei der Beschäftigung mit politischen Vorgängen überhaupt einen Sinn machen oder ob nicht alle Bemühungen wirkungslos bleiben („Wir da unten können ja eh nichts machen!"). Manch ein Schüler oder manch eine Schülerin wird sich fragen: Lohnt es sich dafür, Kenntnisse über politische Probleme, Prozesse und Strukturen sowie die Fähigkeit zu deren Analyse und Beurteilung zu erwerben?

Der Vergleich mit einem politisch uninformierten und inkompetenten Bürger gibt darauf eine Antwort (Breit 1996). Häufig ist zu beobachten, dass diese Bürger Politiker mit allem nur denkbar Schlechten in Verbindung bringen, gleichzeitig von der „Politik" aber wahre Wunder erwarten. Die Bedeutung des Konflikts als Merkmal einer demokratischen Staats- und Gesellschaftsordnung ist ihnen zumeist weitgehend verborgen geblieben. Sie vertreten die Meinung: Wenn sich Politiker, anstatt zu streiten, an einen Tisch setzen würden um gemeinsam vernünftig nach Lösungen zu suchen, dann müssten sich doch alle Probleme rasch und gründlich bewältigen lassen.

Entsprechend diesen Erwartungen verhalten sich Politikerinnen und Politiker gegenüber den Bürgerinnen und Bürgern und versprechen ihnen Wunderdinge („blühende Landschaften"). Je besser Bürgerinnen und Bürger die Komplexität von politischen Aufgaben und Problemen sowie die Verfahren und Besonderheiten politischer Auseinandersetzungen im vorgegebenen Handlungsrahmen (Verfassung, Institutionen, Regelungen, Kompetenzen) verstehen, desto mehr müssen Politiker mit der kompetenten, der Sache angemessenen Kontrolle und Kritik der Bürgerinnen und Bürger rechnen. „Sich über Politik informieren" und „mit anderen über Politik sprechen" stellen daher wichtige

Beteiligungsmöglichkeiten dar. Die Aufgabe der Schule und des Politikunterrichts besteht nicht darin Politiker auszubilden. Es genügt, die Schülerinnen und Schüler auf die Wahrnehmung der Bürgerrolle in der Demokratie vorzubereiten.

Natürlich besitzen Bürgerinnen und Bürger noch mehr Möglichkeiten sich politisch zu beteiligen. Sie können auch versuchen auf politische Entscheidungen direkt Einfluss zu nehmen. Doch hier müssen Schülerinnen und Schüler rechtzeitig vor falschen Erwartungen gewarnt werden.

Folgendes Fallbeispiel ruft erfahrungsgemäß bei Jugendlichen und bei Erwachsenen auch heute noch Widerspruch und Empörung hervor (Breit 1990, 58). 1989 sollte ein Lehrer von Gifhorn nach Wolfsburg versetzt werden. Gegen diese Entscheidung wendeten sich Lehrer, Eltern und Schüler mit Unterschriftensammlungen, Demonstrationen und anderen einfallsreichen Aktionen. Die Schülervollversammlung der Gifhorner Berufsschule und aller berufsbildenden Schulen im Landkreis Gifhorn, die Schulleitung, die Elternvertretung und der Personalrat sprachen sich ebenfalls gegen die Versetzung aus. Über die Versetzung wurde sogar in der niedersächsischen Landesregierung beraten. Der Kultusminister trug den Fall dem Kabinett vor und die Versetzung wurde durchgeführt. Die Schülervertretung wandte sich entsetzt an die Öffentlichkeit: „Unser Glaube an demokratische Prozesse ist erschüttert“ (Frankfurter Rundschau 16.9.1989, S. 4).

Ebenso drastisch fällt mitunter noch heute die Reaktion von Schülerinnen und Schülern, aber auch von vielen Lehrerinnen und Lehrern auf diesen Fall aus. Diese Herrschaftsausübung entspreche nicht dem eigenen Demokratieverständnis, wird offen bekundet. Damit wird aber deutlich, dass das Repräsentationsprinzip weder verstanden noch akzeptiert worden ist. Aufgabe des Politikunterrichts ist es, gemeinsam in der Klasse Argumente für und gegen das Repräsentationsprinzip verstehend zu durchdenken und so die eigene Meinungsbildung zu fördern.

Die Vorstellung, es sei leicht und einfach, eine als „richtig“ erkannte Entscheidung auch durchzusetzen, wird beinahe zwangsläufig zu Misserfolg, Resignation und Frustration führen. Beteiligung an politischen Mitwirkungs- und Entscheidungsprozessen erfordert viel Zeit, Energie und Sachverstand (Himmelmann 1996) und führt bestenfalls zu einem letztlich nur wenig befriedigenden Kompromiss. Angesichts der eigenen großen Anstrengungen muss bei hohen Erwartungen das Ergebnis enttäuschend wirken. Danach verwässern bzw. verhindern die Konfliktparteien häufig die eigene „richtige“ Entscheidung.

Bürgerleitbilder und Bürgerbeteiligungsmöglichkeiten

Beim Durchdenken der – im Unterricht zu behandelnden – politischen Beteiligungsmöglichkeiten stellt der Lehrer einen Zusammenhang zwischen den Beteiligungsmöglichkeiten und dem dahinter stehenden Bürgerleitbild seines Politikunterrichts her (Ackermann

1998; Himmelmann 1998; Buchstein 2000; Detjen 2000; Massing 2000, 38-60). Hier eine kleine Auflistung:

Bürgerleitbilder	***Handlungsfelder und -möglichkeiten***
Der Normalbürger als urteilsfähiger Zuschauer	1. Informationen beschaffen, Entscheidungsregeln kennen 2. durch Wahlen mitbestimmen 3. mit der Verwaltung umgehen
Der Aktivbürger	4. an die Öffentlichkeit gehen 5. in Parteien und Großverbänden mitwirken 6. sich in Bürgerinitiativen organisieren 7. für die Erweiterung der Wahlmöglichkeiten auf der lokalen und regionalen Ebene eintreten
Der interventionsfähige Bürger	8. durch Abstimmungen an Sachentscheidungen mitwirken 9. neue Formen bürgerschaftlichen Engagements ausüben 10. sich an Planungsverfahren beteiligen

4.3 Politikdidaktische Unterrichtsprinzipien

Die Einteilung in kognitive, prozedurale und habituelle Kompetenzen hebt intellektuelle Fähigkeiten und moralische Dispositionen gleichermaßen hervor. Der Auftrag des Politikunterrichts und der Schule besteht allgemein darin, bei den Jugendlichen (u.a. durch die Vermittlung von Kenntnissen) den Boden für die politische Analyse und Urteilsbildung zu bereiten und grundlegende Wertvorstellungen aufzubauen. Um diese Zielsetzungen zu erreichen, benötigt der Lehrende Prinzipien, an denen er die Planung orientieren kann.

Problemorientierung
Mündigkeit erfordert vor allem Selbstständigkeit im Denken und im Handeln. Die Schülerinnen und Schüler sollen sich daher im Unterricht im problemlösenden Denken üben (Breit 1997a, 63-79). Sie sollen lernen, eine politische Analyse- oder Urteilsaufgabe eigenständig durchzuführen.

Kategoriales Lernen
Macht, Interesse, Recht, Konflikt, Konsens, Frieden, Staat, Institutionen, Verhandlung, Regelung, Problem sind wichtige politische Grundbegriffe oder Kategorien. Zur selbstständigen Analyse benötigen die Schülerinnen und Schüler Kategorien. Im Politikunterricht wird mit Hilfe dieser Grundbegriffe die politische Wirklichkeit strukturiert und reflektiert.

Kategorien versetzen die Unterrichtsteilnehmer in die Lage Fragen zu bilden, die sie zum Kern des Politischen führen (Massing 2000).

Kontroversität
Die Antworten auf die mit Hilfe von Kategorien gebildeten Fragen sind immer offen. Sollen die Schülerinnen und Schüler Politik „ohne Leitung eines anderen" selbstständig untersuchen, dann müssen im Unterricht immer mehrere Analyse- und Urteilsergebnisse möglich sein (Grammes 1997a; Schiele/Schneider 1996; Weißeno 1996).

Exemplarität – Fallprinzip
Ist der Unterricht in erster Linie auf das selbstständige politische Denken und Handeln und nicht so sehr auf Wissenserwerb ausgerichtet, dann muss die Lehrerin oder der Lehrer von vornherein auf Vollständigkeit verzichten. Politikbereiche können nur exemplarisch behandelt werden (Grammes 1997b). Es hat sich bewährt, von einem Fall aus der Lebens- oder Vorstellungswelt der Jugendlichen auszugehen, in dem sich der zu untersuchende politische Sachverhalt abbildet (Breit 1996). Im Unterricht werden dann der Fall und die sich darin abbildende „Politik" exemplarisch behandelt. Für die Jugendlichen ist in einem solchen Unterricht der Zusammenhang von Politik und Lebenswelt leicht nachvollziehbar. Sie lernen „Politik" auf die Existenz von Menschen zu beziehen.

Handlungsorientierung
Mündigkeit als Zielsetzung macht es erforderlich, dass die Schülerinnen und Schüler im Unterricht Gelegenheit zum eigenverantwortlichen Arbeiten und Lernen, Kommunizieren und Kooperieren bekommen. Die Ausrichtung auf handlungsorientierte Methoden wie ein Rollenspiel, ein Planspiel, eine Talkshow oder eine Pro-Contra-Debatte (Massing 1998; Breit/Schiele 1998) garantieren der planenden Lehrerin oder dem planenden Lehrer selbständige Spiel- und Arbeitsphasen der Schülerinnen und Schüler im Unterricht. Die Lehrerin oder der Lehrer erreicht aber auch schon viel, wenn sie/er die Interaktion, Selbsttätigkeit und Kreativität der Lernenden mit aktivierenden Lernformen im Unterricht fördert und „Arbeitsinseln" (Einzel-, Partner-, Gruppenarbeit) in ihren Unterricht einbaut.

4.4 Zielüberlegungen und Zielformulierung

Zur genauen Kennzeichnung der Ziele einer Unterrichtseinheit muss sich der Lehrende fragen: Welche Denkfähigkeiten sollen im Unterricht angebahnt werden? Welche Denkaufgaben sollen die Schülerinnen und Schüler mit welchen Medien lösen? Mit welchen Methoden üben sich die Jugendlichen im problemlösenden Denken? Schlichter ausgedrückt: Welche Analyse- und Urteilsaufgaben sollen die Schülerinnen und Schüler auf der Grundlage welcher Materialien bearbeiten?

Um die Ziele benennen zu können, muss der Lehrende sich über die Lernaufgaben klar werden, die er im Unterricht seinen Schülerinnen und Schülern zu stellen beabsichtigt. Im Vordergrund stehen Denkaufgaben, die den Schülerinnen und Schülern zusammen mit dazu passenden Materialien präsentiert werden und die sie in einem mehr oder weniger methodisch geschickt aufgebauten Unterricht selbstständig zu lösen versuchen. Diese Aufgaben gilt es in dem Abschnitt „Ziele einer Unterrichtsplanung" kurz und präzise zu beschreiben.

Politikunterricht besteht nicht nur aus Denkaufgaben. Ohne die Vermittlung von *Orientierungswissen* steht der Unterricht auf tönernen Füßen. In einer Unterrichtseinheit müssen daher auch Kenntnisse vermittelt werden. Diese Kenntnisse zählt die Lehrerin/der Lehrer ebenfalls in der Zielbeschreibung auf. In die Zielbeschreibung können schließlich auch methodische Ziele im Sinne des Methodenlernens aufgenommen werden. Neben Zielen zum politischen Lernen lassen sich in einer Unterrichtseinheit oftmals auch Ziele zur Lebenshilfe oder zum sozialen Lernen verfolgen. Geht der Lernweg z.B. von einem Fall aus der Vorstellungs- und Erlebniswelt der Jugendlichen aus, so dient dessen Untersuchung zunächst einmal dem sozialen Lernen.

Last not least sollen die Schülerinnen und Schüler im Politikunterricht eine der Demokratie angemessene Lebensform kennen lernen. In den Unterrichtsstunden sollen sie demokratische Verhaltensnormen wie Eintreten für Gleichberechtigung und Gerechtigkeit, Hilfsbereitschaft, Toleranz, Kritikfähigkeit, Konfliktbereitschaft und Sensibilität für Spielregeln, Anstand und Zivilcourage im Umgang mit der Lehrerin oder dem Lehrer und untereinander unter Beweis stellen (Henkenborg 1997a und b; Breit 2000b, 230 f.). Bei der Planung eines Unterrichtsvorhabens darf daher der Unterrichtende über der Entwicklung von Zielen, die auf die Unterrichtsinhalte bezogen sind, nicht die Aufgabe aus dem Auge verlieren während des Unterrichtsverlaufs angemessene Lebensformen erlebbar zu machen.

Die Formulierung von Zielen

In der älteren Literatur wird immer wieder der Vorschlag gemacht für jede Unterrichtseinheit zwischen Richt-, Grob- und Feinzielen zu unterscheiden. *Lernziele* sollen so weit klein gearbeitet werden, bis die Zielerreichung beim Lernenden für den Beobachter oder Lehrenden feststellbar sei. Dieser Vorgang ist jedoch nicht leistbar, da bei jedem Konkretisierungsschritt Auslegungsmöglichkeiten und Alternativen abgeschnitten werden. Viele Deutungen gehen verloren. Die logische Deduktion von Lernzielen ist nicht möglich und auch nicht wünschbar, weil der Unterricht ohne Spontaneität, Offenheit und Unmittelbarkeit nicht auskommt. Unterricht ist kein technischer Vorgang; das Verhalten und Lernen der Schülerinnen und Schüler sind nicht mach- und einschränkbar. Dies würde zugleich dem Überwältigungsverbot (Beutelsbacher Konsens) widersprechen. Außerdem bereitet die umfangreiche „Bastelei" mit und an Lernzielen nur viel Arbeit, Mühe und Zeit. Sie stehen in keinem Verhältnis zum Ertrag für den Unterricht.

Die Formulierung von Zielen fällt nicht nur dem Berufsanfänger schwer. Meist wird sie erst am Ende des Planungsprozesses vorgenommen. Lassen sich die Ergebnisse der Auswertung eines Textes oder Filmes, einer Internetrecherche noch relativ leicht beschreiben, ist der Umgang mit Meinungen, Wertungen und Urteilen *sprachlich* kaum exakt zu erfassen. Zudem wird von den Autorinnen und Autoren eines Planes eine bestimmte Sprache oder besser gesagt ein bestimmter Jargon erwartet, den Fachleiterinnen und Fachleiter und Lernzielspezialisten vor allem in Richtlinien pflegen, ohne dass diese semantischen Adaptionen jemals eine Lernzieloperationalisierung zulassen. Bei der Formulierung von Zielen ist die Kreativität der Autorin oder des Autors gefordert. Die folgende Verbliste kann hier Anregungen geben und helfen, nicht immer dieselben Formulierungen benutzen zu müssen. Sie bietet keine Rezepte für „exakte" Formulierungen. Die Verben lassen sich nie eindeutig den von den Richtlinien geforderten Bereichen wie z.B. Wiedergeben und Anwenden von Kenntnissen zuordnen.

erschließen	berichten	vergleichen	erklären
erkennen	vortragen	erläutern	bewerten
kennen lernen	interpretieren	verallgemeinern	einschätzen
entwickeln	deuten	überprüfen	durchschauen
übertragen	darstellen	erkunden	urteilen

Das Verfassen eines Stundenziels ist kein technisches Verfahren, sondern dient der Vergewisserung der eigenen Absichten im Planungsprozess und ihrer Veröffentlichung in einem Plan. Ob die Schülerinnen und Schüler im Unterricht diesen Entscheidungen folgen, ist grundsätzlich offen. Gleichwohl muss der Lehrende seine Zielauswahl begründen und formulieren.

Die schriftliche Formulierung von Zielen fällt einem leichter, wenn man sie mit Hilfe von Spiegelstrichen auflistet. Dabei kann man die Ziele in vier Gruppen aufteilen; jede Gruppe erhält ihre einleitenden Sätze.

Ziele, die die Wissensvermittlung während der Unterrichtseinheit beschreiben:	Die Schülerinnen und Schüler sollen – kennen lernen und ggf. darstellen können – einen Vorgang erkennen und erklären können – einen Sachverhalt beschreiben und analysieren können – Begriffe verwenden.

Ziele, die geplanten Denkaufgaben offen legen:	Die Schülerinnen und Schüler sollen in der Lage sein – mit Hilfe von Kategorien zu untersuchen – mit Hilfe von Kriterien kritisch zu urteilen – die eigenen Interessen zu formulieren – reflektiert Partei zu ergreifen.
Ziele, die die angestrebte Wirkung des Unterrichts auf die Schülerinnen und Schüler darstellen:	Die Schülerinnen und Schüler sollen die Bereitschaft und den Willen ausbilden – über ihre Interessenlage nachzudenken – über die Interessenlage einer bestimmten Gruppe (z.B. von Asylbewerbern) nachzudenken – sich für politische Vorgänge zu interessieren – Politiker nicht von vornherein zu verurteilen – in einem Konflikt Ziele und Methoden beider Parteien kritisch zu würdigen – Macht als notwendiges Mittel der Politik anzusehen, den Umgang mit Macht aber immer kritisch zu kontrollieren.
Ziele, die die angestrebten methodischen Fertigkeiten beschreiben:	Die Schülerinnen und Schüler sollen unter Beweis stellen – einen Inhalt in einem Vortrag darstellen zu können – in einem Rollenspiel eine Position auszufüllen – sich in die Situation anderer einzufühlen.

Die Ziele einer Unterrichtseinheit in diesen vier Gruppen sind verknüpft mit den *Kompetenzen*, die dem Leitbild des interventionsfähigen Bürgers zugeordnet werden.

Kognitive Kompetenzen (= sachlich informiert sein)	Die Schülerinnen und Schüler sollen lernen …
Prozedurale Kompetenzen (= dazu fähig sein, eigene Ziele auf der Grundlage einer selbstständigen Analyse und Urteilsbildung zu durchdenken und zu verfolgen)	Die Schülerinnen und Schüler sollen in der Lage sein …
Habituelle Disposition (= demokratisch gesinnt und zur politischen Beteiligung, wenn notwendig, bereit sein)	Die Schülerinnen und Schüler sollen die Bereitschaft und den Willen ausbilden …

Abschließend soll auf einen Nutzen der schriftlichen Ausformulierung von Zielen aufmerksam gemacht werden. Der bzw. die Planende wird auf mögliche Fehlentwicklungen rechtzeitig vor Beginn des Unterrichts aufmerksam. Dominiert in der Zielbeschreibung das Wissen, das im Unterricht gelehrt werden soll, und fällt dagegen das selbstständige Denken ab, dann sollte die Planung noch einmal überdacht werden. Politikunterricht geht in der Regel über die Vermittlung von Kenntnissen hinaus. Wissen stellt keinen Selbstzweck dar; die vermittelten Kenntnisse sollen die Heranwachsenden in die Lage versetzen Denkaufgaben zu lösen. In einem nur auf die Vermittlung von Wissen ausgerichteten Politikunterricht besitzt der Beutelsbacher Konsens keinerlei Bedeutung.

4.5 Richtlinien und Lehrpläne

Lehrpläne und Richtlinien werden von ausgewählten Lehrerinnen und Lehrern, selten in Verbindung mit Lehrenden an Hochschulen, im Auftrag eines Kultusministers verfasst. Die Autorinnen und Autoren schreiben als Professionelle und arbeiten die ministeriellen Vorgaben ab. Erfüllen sie die Erwartungen der Administration nicht, wird die Richtlinienkommission aufgelöst. Der Richtlinienentwurf als Arbeitsergebnis der Gruppe verschwindet dann zumeist im tiefen Keller des Ministeriums und wird nie mehr gesehen.

Richtlinien und Lehrpläne sind keine wissenschaftlichen Produkte, sondern Instrumente zur *bildungspolitischen Steuerung* des Unterrichts. Sie beruhen auf einem konsensuellen Verfahren, das Akzeptanz im politischen Alltag (Schulpolitik) schaffen soll. Jedes Bundesland besitzt eigene Richtlinien.

Im Folgenden wird bewusst die Bedeutung der Richtlinien für die Unterrichtsplanung nicht gerade überbetont. Angehende Lehrerinnen und Lehrer lassen sich in der Planung von Richtlinien oftmals sehr beeindrucken und unbewusst unter Druck setzen. In Richtlinien wird z.B. „flott" gefordert, Politikunterricht häufig, am besten immer in Projektform durchzuführen. Dass sich dieses Postulat im Schulalltag kaum verwirklichen lässt und mit solchen Formulierungen lediglich potemkinsche Dörfer errichtet werden, weiß jede erfahrene Lehrerin bzw. jeder erfahrene Lehrer. Sie bleiben dadurch unberührt. Auf Referendare und leider auch auf ihre Ausbilder üben derartige Sätze aber Wirkung aus.

Andere Lehramtsanwärterinnen und -anwärter hegen die Hoffnung, Richtlinien würden eigene Planungsüberlegungen und -entscheidungen überflüssig machen. Die Ziele und Inhalte der einzelnen Unterrichtsvorhaben stünden doch in den Richtlinien. Um diesen Irrtümern zu begegnen, sei hier gesagt: Bei der Planung stellt die Herstellung des Richtlinienbezuges zum Unterrichtsvorhaben keine vordringliche, sondern eher eine nachgeordnete Aufgabe dar. Fachdidaktisch kompetenten Lehrerinnen und Lehrern fällt es leicht, zu jeder ihrer Stunden und Einheiten nachträglich einen Beleg in den Richtlinien zu finden. Damit soll nicht einer völligen Abkopplung der Planung von den Richtlinien das

Wort geredet, sondern lediglich deren Bedeutung für den Plan relativiert werden. Richtlinien sollen nicht die Rolle von geistigen Vordenkern (Hilligen) einnehmen, zu denen die Lehrerin oder der Lehrer sich in eine Art geistiger Abhängigkeit begibt.

Richtlinien beeinflussen die Auswahlüberlegungen der Lehrerin oder des Lehrers. Sie können ihr/ihm aber nicht die Entscheidungen über Inhalte und Ziele, Methoden und Medien des Unterrichts oder gar die Planung selbst abnehmen. Die in Richtlinien ausgewiesenen Ziele stehen eher selten im einem direkten Bezug zu einem konkreten Unterrichtsvorhaben. Sie stecken in der Regel den Bereich allenfalls grob ab, sind dabei aus fachlicher und pädagogischer Sicht oftmals unvollständig, manchmal sogar fragwürdig. Um es deutlich sagen: Richtlinien machen Unterrichtsplanung und damit die fachwissenschaftliche und fachdidaktische Kompetenz der Lehrerin bzw. des Lehrers keineswegs überflüssig.

Richtlinien geben der Lehrerin bzw. dem Lehrer die Richtung an, in die sie sich mit ihren Planungsüberlegungen bewegen sollen. Es liegt aber an der Lehrerin bzw. dem Lehrer, inwieweit sie/er sich leiten und ob sie/er sich einengen lässt. Der *Spielraum*, den Richtlinien für eigene Entscheidungen geben, ist unterschiedlich groß. Wie er genutzt wird, hängt entscheidend von dem Engagement und der fachdidaktischen Kompetenz der Lehrerin bzw. des Lehrers ab. Fast immer ist es ihr/ihm möglich, die eigenen allgemeinen Zielvorstellungen von Politikunterricht mit den vorgegebenen Zielsetzungen der Richtlinien in Übereinstimmung zu bringen.

Bei der Planung gleicht die Lehrerin bzw. der Lehrer die politikdidaktischen Erfordernisse (Unterrichtsbedingungen, Aktualität, eigene allgemeine Zielvorstellungen) mit den Vorgaben der Richtlinien ab. Das Ergebnis stellt eine eigenständige und selbstverantwortliche Planung dar, deren Übereinstimmung mit den Richtlinien sich – auf Wunsch von Ausbildern, Eltern oder Vorgesetzten aus dem Schulamt – nachweisen lässt. Im Übrigen sagt auch die Planung noch wenig über den tatsächlichen Unterrichtsverlauf aus. Hier können Schülerwünsche, Fragen oder plötzlich sichtbar werdende Defizite eine Abweichung von der – richtlinienkonformen – Unterrichtsplanung zu einem anderen Unterrichtsverlauf notwendig machen.

Häufig muss die Autorin/der Autor in einem schriftlichen Plan den Bezug zu den Richtlinien in einem eigenen Abschnitt nachweisen. Hierbei ist der Interpretationsspielraum groß, da die konsensorientierten Richtlinien auf dehnbaren und unterschiedlich auslegbaren *Formelkompromissen* beruhen. Sie werden deshalb von den Lehrerinnen und Lehrern bei Bedarf professionell umgedeutet. Mehr als eine formale Anbindung an die Richtlinien und ihre Ziele ist nach der erarbeiteten politikdidaktischen Perspektive im Plan weder möglich noch nötig. Je souveräner der Lehrende plant und handelt, desto unabhängiger von Richtlinien wird die Planung ausfallen. Daran sollten sich Autorinnen und Autoren gerade dann erinnern, wenn sie den Abschnitt mit dem Richtlinienbezug für den

Plan verfassen. In einem Unterricht, dessen Leitbild der selbstständig denkende und handelnde demokratische Bürger ist und die Zielsetzungen bestimmt, würde sich eine richtlinienabhängige Lehrerin bzw. Lehrer unglaubwürdig ausmachen.

Anforderungen in der Abiturprüfung
Anders sieht es mit den Anforderungen im Abitur oder in anderen Schulabschlussprüfungen (Realschule, Sekundarstufe I) und deren Bedeutung für die Unterrichtsplanung aus. Im Interesse der Schülerinnen und Schüler tut die Lehrerin oder der Lehrer gut daran, den Unterricht so zu gestalten, dass die Lernenden über einen langen Zeitraum auf die Prüfungsanforderungen vorbereitet werden. Vor allem die Klassenarbeiten und Klausuren sollen sich daran orientieren. Die Lehrerin oder der Lehrer, die/der in der gymnasialen Oberstufe nach einer sorgfältigen (und sehr zeitraubenden) Korrektur die Fehler mit den Schülerinnen und Schüler ausführlich bespricht und sich davon auch nicht durch die Stofffülle der Rahmenrichtlinien abbringen lässt, verbindet Planungsfreiheit gegenüber staatlichen Vorgaben mit Fürsorge für die Klasse.

Die KMK hat „Einheitliche Prüfungsanforderungen in der Abiturprüfung" *(EPA)* mit verbindlichen Zielen beschlossen. Sie sind auch Grundlage für die Lehrpläne in allen Bundesländern und wollen die Leistungsanforderungen bundesweit normieren. Die Leistungsanforderungen in den Zielformulierungen unterscheiden drei Bereiche:

1. Der Bereich *Wiedergeben* und *Kennen* umfasst die Wiedergabe von Sachverhalten aus einem abgegrenzten Gebiet im gelernten Zusammenhang, die Beschreibung und Darstellung gelernter und geübter Arbeitstechniken in einem begrenzten Gebiet und einem wiederholten Zusammenhang.
2. Der Bereich *Anwenden* umfasst selbstständiges Erklären, Bearbeiten und Ordnen bekannter Sachverhalte, selbstständiges Anwenden und Übertragen des Gelernten auf vergleichbare Sachverhalte.
3. Der Bereich *Beurteilen* umfasst das planmäßige Verarbeiten komplexer Gegebenheiten mit dem Ziel, zu selbstständigen Begründungen, Folgerungen, Deutungen und Wertungen zu gelangen. (EPA, 13 ff.)

Der Unterricht und die Aufgaben in der Klausur müssen so angelegt sein, dass Fähigkeiten und Kenntnisse in allen drei Anforderungsbereichen nachgewiesen werden können. Mit der Beschreibung versucht die Kultusbürokratie einheitliche Sprachregelungen zu schaffen. *Problematisch* ist die Auslegung in der Praxis durch die Schulaufsicht sowie durch die Lehrerinnen und Lehrer, die ihre Abituraufgaben daran anpassen müssen (Weißeno 1997b). Wo genau die Grenzen zwischen Wiedergeben, Anwenden und Beurteilen liegen, lässt sich in einer Schülerantwort selten eindeutig diagnostizieren, so dass es darüber in einer Prüfungskommission schnell unterschiedliche Deutungen gibt, die per Beschluss entschieden werden. In der alltäglichen Unterrichtspraxis ist die Unterscheidung noch schwieriger, da die Schülerinnen und Schüler sich meist in kürzeren Beiträgen äußern und keine Kontexte dabei entfalten. Die Diagnose und die Deutung der Ziele werden durch das Wissen und die analytischen Fähigkeiten des Lehrenden oder des Schulaufsichtsbeamten mitbedingt.

4.6 Die Ziele im Implikationszusammenhang

Allgemeine Ziele des Politikunterrichts können nicht in einer einzigen Unterrichtseinheit oder gar in einer Unterrichtsstunde „abgearbeitet" werden. Bei der Planung für ein konkretes, zeitlich begrenztes Unterrichtsvorhaben steht die Beschreibung der Ziele zunächst einmal in einem engen Zusammenhang mit dem Inhalt, den Medien und den Methoden, doch muss für die Lehrerin oder den Lehrer der Bezug zu ihrer/seiner allgemeinen Zielstellung des Politikunterrichts durchdacht und als Ergebnis dieses Durchdenkens vorhanden und in überzeugender Weise (gegenüber sich selbst, den Schülern, Eltern, Vorgesetzten) nachweisbar sein. Schließlich werden Ziele und Inhalte bei der abschließenden und endgültigen Themenformulierung zusammengedacht.

Überlegungen zu den Zielsetzungen des Unterrichts bewahrt die Lehrerin oder den Lehrer davor „ziellos" zu unterrichten. Die Folgen eines ziellosen Unterrichts sind:

1. Die Schülerinnen und Schüler lernen irgendwelchen „Stoff" (Unterricht = Faktenjagd; „Fakten, Fakten, Fakten und nicht an die Schüler denken!"). Der Stoff wird zum Zweck der Notenfindung abgefragt und danach vergessen (vgl. Kuhn 2001, 159).
2. Die Schülerinnen und Schüler lesen Texte, die die Lehrerin oder der Lehrer zum Gegenstandsbereich gesammelt hat und die ‚irgendwie' mit dem Thema zusammenhängen. Dabei vertraut die Lehrerin oder der Lehrer darauf, dass die Heranwachsenden die Zusammenhänge „irgendwie" von selbst erkennen.
3. Der Unterricht beschränkt sich im Wesentlichen auf eine Diskussion um der Diskussion willen (Politikunterricht = „Laberfach").

Politikunterricht in dieser Ausgestaltung bleibt natürlich auch nicht ohne Wirkung. Er schult das Kurzzeitgedächtnis der Jugendlichen (1), stärkt ihre Lesefähigkeit (2) oder fördert ihre rhetorischen Fähigkeiten (3). Alle drei Arten von ziellosem Politikunterricht haben oftmals eines gemeinsam: Sie bewirken bei den Jugendlichen eine nachhaltige Aversion gegenüber Politik. Das Leitbild für diesen Politikunterricht ist – gewollt oder ungewollt – der politisch desinteressierte Bürger.

<table>
<tr><td rowspan="3">Methoden</td><td>allgemeine Ziele des Politikunterrichts</td><td rowspan="3">Medien</td></tr>
<tr><td>Thema der Unterrichtseinheit

Politikdidaktische Perspektive
Inhalt + Ziele</td></tr>
<tr><td>Unterrichtsbedingungen Lehrplan</td></tr>
</table>

Um Ziele für ein Unterrichtsvorhaben bestimmen zu können, durchdenkt die Lehrerin oder der Lehrer das Thema im Implikationszusammenhang von Zielen, Inhalt, Methoden und Medien unter Bezug auf die Unterrichtsbedingungen und die allgemeinen Ziele des Politikunterrichts.

Ziele sind immer verwiesen auf Bezüge zu den Inhalten des politischen Lernens – außer jene zur Lebenshilfe und zum sozialen Lernen, die für alle Fächer gelten. Das, was eine Schülerin oder ein Schüler kennen lernen oder beurteilen soll, kann nur inhaltlich bestimmt werden. Wie sie/er etwas lernen soll und warum dieser Weg geeignet erscheint, ist nur im Zusammenhang mit allen Inhalts-, Medien- und Methodenentscheidungen begründbar. Aus den allgemeinen Zielen des Politikunterrichts lassen sich weder Inhalte noch Methoden deduzieren. Welches Ziel angemessen erscheint, lässt sich erst im Blick auf die konkreten Unterrichtsbedingungen und Lerngeschichten einschätzen. Ziele verhindern, dass im Unterricht Stoffhuberei, beliebiges Meinen und „Labern“ dominieren. Ziele fördern die Klarheit des Unterrichtsablaufs, schaffen Transparenz im Lernprozess, orientieren Lehrende und Lernende durch eine eindeutige Ausrichtung, schaffen Konzentration für die Lösung der Denkaufgaben.

5. Modul 5: Methoden und Medien

5.1 Erwartungen an Methoden und Medien

In Vorlesungen an der Universität ist es auch heute noch durchaus üblich, den Inhalt methodisch undurchdacht und frei von Überlegungen zu den Lernvoraussetzungen der Studierenden allein nach Sachgesichtspunkten zu strukturieren und darüber zu referieren. So kann man beispielsweise die Behandlung des Historikers Polybios mit einer Übersicht über die Primärliteratur (die es so nicht gibt und die lediglich in Fundstellen bei anderen Historikern vorhanden ist) beginnen. Von der Sache her spricht für eine solche Entscheidung einiges. Da aber die Zuhörerinnen und Zuhörer meist weder irgendeinen dieser Historiker noch deren Werke kennen, folgen sie den Ausführungen ihres Professors mit wachsendem Unverständnis. Obwohl der Hochschullehrer möglicherweise die ganze Zeit über an all seinen Studentinnen und Studenten vorbeiredet, bleibt es im Hörsaal ruhig. Und so konzentrieren sich Universitätsprofessoren auch weiterhin in ihren Lehrveranstaltungen ausschließlich auf den Inhalt und blenden hochschuldidaktische oder methodische Überlegungen aus.

Nach der Wende hielt ein Professor für Didaktik des Politikunterrichts vor ostdeutschen Lehrerinnen und Lehrern einen Vortrag. Anschließend stand eine Zuhörerin auf und sagte: „Ich habe nichts begriffen. Wenn Sie chinesisch gesprochen hätten, hätte ich genauso viel verstanden.“

Schülerinnen und Schüler lassen sich eine solche Vorgehensweise von ihrer Lehrerin oder ihrem Lehrer nicht gefallen. Sie bleiben nicht lange ruhig, beschweren sich oder wenden sich anderen Beschäftigungen zu („Schiffe versenken“); auf jeden Fall werden sie laut. Daraus folgt: Lehrerinnen und Lehrer an den Schulen werden rasch und auf der ganzen Linie scheitern, wenn sie die Vorbereitung ihres Unterrichts ausschließlich auf Inhalt und Ziele ausrichten und die methodische Planung vernachlässigen. Ein Fachleiter beschreibt dies so:

D: Also es kommt bei einem guten Unterricht und übrigens auch bei einem guten Fachseminar schwerpunktmäßig auf die Methoden an. Ich habe das, was den Unterricht angeht, von Anfang an so gesehen, von Anfang an meiner Tätigkeit. Aber was die Fachseminarausbildung angeht erst in den letzten Jahren und da muss ich mal bekennen, dass ich methodisch monokulturell verfahren bin bis zum heutigen Tag. Und ich pack mich immer wieder an die Nase, nun hab ich jetzt ein Fachseminar mit zwei Leuten, da kann ich kein Rollenspiel planen und durchführen, aber es ist das Fachseminar, das mit allem Modell für den Unterricht ist, mit Inhalten, Methoden, Arbeitsweisen und Medien und Struktur. D. h. die Fachseminarsitzung ist Modell für den Unterricht und ich kann nicht sozusagen zwei Jahre Referat- und Aussprache machen, das kann ich nicht machen. Ich kann nicht das Planspiel beibringen, ohne ein Planspiel durchgeführt zu haben.

Die meisten Lehrerinnen und Lehrer wissen um die Bedeutung der Methodenentscheidungen für die Unterrichtsplanung. Hier liegt schließlich der Schwerpunkt der Ausbildung in der Referendarzeit. Bei Fortbildungsveranstaltungen fragen sie deshalb weiterhin mehr nach Methoden und Medien (Weißeno 2001) als nach Inhalt und Zielen. Mit Methoden und mit Medien, v.a. mit den neuen Medien, verbinden sie die Hoffnung, das Interesse ihrer Schülerinnen und Schüler für den Politikunterricht wecken zu können.

Diese Erwartungen erscheinen verständlich, wenn man in vielen Politikstunden dieselbe methodische Grundstruktur entdeckt. Im Unterricht überwiegt Textarbeit. Bei dem allgemeinen Ziel die Jugendlichen zu Zeitungslesern mit kritischem Verstand auszubilden, nimmt dies nicht Wunder. Der Unterricht erfolgt lehrerzentriert; im Alltag des Politikunterrichts überwiegt das Lehrer-Schüler-Gespräch, genauer gesagt die „Unterhaltung" über den Text (Massing 1998, 6). Die Unterrichtsteilnehmer haben sich an folgenden Ablauf gewöhnt: Der Unterricht beginnt, die Lehrerin oder der Lehrer präsentiert einen Text, die Klasse liest den Text, die Lehrerin oder der Lehrer stellt dazu Fragen, die ihm halt „irgendwie" spontan einfallen, die wenigen interessierten Schülerinnen und Schüler bemühen sich um Antworten, der Rest döst vor sich hin und irgendwann geht auch diese Stunde zu Ende.

Dabei kann die *Textarbeit* mit anderen Arbeitstechniken durchaus spannend gestaltet werden. Hierzu einige Beispiele:

1. Pro-Contra-Texte: Die Texte werden in Gruppen auf ihre Argumentation geprüft und in einem Streitgespräch weiterentwickelt (Beispiel: der Bundeswehreinsatz in Mazedonien).
2. Argumente suchen: Die Argumente eines Textes werden in Gruppenarbeit aufgelistet. Anschließend wird nach Gegenargumenten gesucht.
3. Rede umschreiben: Die Rede eines Politikers wird in ihren Aussagen ins Gegenteil umgekehrt und vorgetragen.
4. Texte in spezifische Sprachformen bringen: Der Text wird als Zeitungsmeldung formuliert.

Die Einführung aktivierender Arbeitstechniken und neuer Medien wirkt belebend. Dies erfordert von dem planenden Lehrenden Kreativität und hohe professionelle Kompetenz. Methoden und Medien bilden keinen Selbstzweck, sondern dienen der Verwirklichung von Inhalt und Zielen. Diesen Implikationszusammenhang herzustellen, gehört zu den wichtigen und schwierigen Aufgaben einer Unterrichtsplanung.

5.2 Methoden und Medien im Implikationszusammenhang

Unterrichtsmethoden sollen die Aneignung von Wissen sowie die Anbahnung von Fähigkeiten bzw. Kompetenzen ermöglichen, erleichtern und beschleunigen. Wer bei der Planung über Methoden und Medien nachdenkt, fragt nach den Schritten, Formen und Phasen der zielorientierten Bearbeitung von Gegenständen. „Alle methodische Kunst liegt darin beschlossen, tote Sachverhalte in lebendige Handlungen rückzuverwandeln" (Heinrich Roth). Methoden und Medien sollen die Lernenden an den Inhalt heranführen. Im Politikunterricht haben sie eine besondere Aufgabe; sie sollen gleichsam symbolisch Politik zum Lernort bringen.

Bei der Unterrichtsplanung können die Methoden nicht aus bedeutsamen Zielen oder Gegenständen deduziert werden; sie müssen von dem Planenden im Hinblick auf die Lernvoraussetzungen der Schülerinnen und Schüler (Einstellungen, Vorwissen, kognitive Fähigkeiten) und auf den zu erschließenden Inhalt ausgesucht werden. Wenn die Methoden mit den Zielen des Unterrichtsvorhabens harmonieren und mit bestimmten Qualitäten des politischen Handelns in Verbindung gebracht werden können, kommt ihnen konstitutive Wirkung zu. Der Wert von Methoden lässt sich deshalb nicht pauschal, sondern nur im Blick auf die anzustrebende Qualität politischer Lern- und Bildungsprozesse angeben.

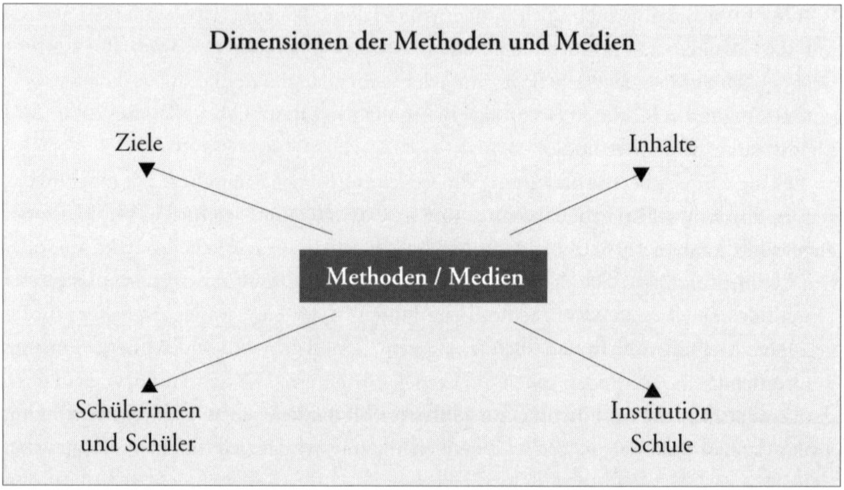

Bei den Entscheidungen über Methode und Medien hat der planende Lehrende seine allgemeine Zielsetzung vor Augen. Und die besteht – bei allen Unterschieden – nicht allein in der Aufnahme von Wissen, sondern auch in der Anbahnung von Denkfähigkeiten und Handlungsmöglichkeiten. Selbstständiges Lernen kann nur dann entstehen, wenn der Gegenstand nicht als Kunde gelehrt oder in abgeschlossener Form als Modell bzw. Schema dargeboten, sondern von den Schülerinnen und Schülern rekonstruktiv entdeckt und im selbstständigen Denken und Handeln nachvollzogen wird. Die Auseinandersetzung der Lernenden mit der politischen Wirklichkeit zur Aneignung von Wissen und zur Anbahnung von Fähigkeiten kann in unterschiedlichen *Formen* geschehen:

1. in einem probehandelnden Umgang mit der politischen Wirklichkeit, z.B. im Rollen- oder Planspiel, in der Pro-Contra-Debatte, in der Talkshow. Handlungsorientierte Methoden wirken immer belebend. Entsprechen sie den Zielen und Inhalten des Politikunterrichts, dann ist ein Optimum erreicht;
2. im Medium von Berichten, Bildern, Kommentaren, Schemata, Darstellungen, Erzählungen;
3. durch die Klärung abstrakter Begriffe anhand von theoretischen Argumentationen in wissenschaftlichen Abhandlungen.

Im Unterricht können alle drei Formen in enger Verbindung miteinander auftreten.

Bei der *Auswahl* der Methoden müssen insbesondere die Lernvoraussetzungen mit berücksichtigt werden. Wer die Vorkenntnisse und das Denkvermögen der Jugendlichen in seine Planungsüberlegungen mit einbezieht, der wird seine Klasse nicht von Beginn an mit allzu abstrakten politischen Sachverhalten konfrontieren. Angehende Lehrerinnen und Lehrer sind von ihrem Studium her das abstrakte Denken gewohnt. Schülerinnen und Schüler tun sich damit auch noch in der gymnasialen Oberstufe schwer. Die Bereitschaft und die Fähigkeit dazu können bei ihnen nur bedingt vorausgesetzt werden. Die Lehrerin oder der Lehrer muss daher die Begegnung der Lernenden mit der Politik vorbereiten bzw. gute Bedingungen für die eigenständige Begegnung schaffen (Kuhn, Massing 2000, XV). Dies ist Aufgabe der Methode.

Lessing schrieb über die Bedeutung von Erziehung für den Menschen: „Sie gibt ihm das, was er aus sich selbst haben könnte, nur geschwinder und leichter." Auf Methoden angewandt, kann dieser Satz ihre Aufgaben im Unterricht verdeutlichen. Methoden sollen den Schülerinnen und Schülern die Denkprozesse erleichtern und verkürzen, zu deren Durchführung sie auch ohne methodische Hilfen in der Lage wären. Trotzdem führen geeignete Methoden nicht von allein zu „gutem" Unterricht. Auch die Themen müssen ansprechend sein. Methoden sollen das Lernen erleichtern. Die Lehrerin bzw. der Lehrer darf aber auch nicht aus Fürsorge mit Hilfe von Methoden eine zu große Unterstützung geben, dann unterfordert sie/er die Lernenden und trägt tendenziell zur Entmündigung bei.

5.3 Methoden und Arbeitstechniken

Der Bereich der Unterrichtsmethoden und Arbeitstechniken ist ebenso umfangreich wie unübersichtlich. Die Begriffe werden unterschiedlich gebraucht. Wir verstehen *Arbeitstechniken* als Voraussetzungen von Methoden. „Sie können als die Werkzeuge bezeichnet werden, die Schülerinnen und Schüler ... einerseits benötigen, um an den Lernprozessen angemessen teilzuhaben, andererseits, um sich das schwierige politische Feld selbstständig zu erschließen oder handelnd mitgestalten zu können." (Kuhn, Massing 2000, 6) Hierzu zählt u.a. die Bildung von Fragen mit Hilfe von Analysekategorien und Urteilskriterien, das Sammeln und Ordnen von Informationen (formale Techniken), das Schreiben von Leserbriefen (schriftliche Techniken), die Herstellung eines Videos (ästhetische Techniken), die Erarbeitung rhetorischer Kompetenzen (kommunikative Techniken), die Interviewtechniken (wissenschaftspropädeutische Techniken). Arbeitstechniken werden auch als Kleinmethoden bezeichnet, da sie lediglich einzelne Phasen des Lernprozesses unterstützen, ihn aber nicht abschließen.

Demgegenüber sind *Methoden* zielgerichtete Verfahrensweisen, zu deren Realisierung mehrere Arbeitstechniken und Sozialformen (Gruppenarbeit, Unterrichtsgespräch) benötigt werden. Sie sind in Schritte, Formen oder Phasen einteilbar und erfüllen spezielle Anforderungen politischer Bildung (z.B. Parlamentsbesuch, Planspiel). Sie werden auch als Großmethoden bezeichnet, da sie mehr die Makrostruktur von Lernprozessen bestimmen.

Methoden	Projekt, Planspiel, Rollenspiel, Videofilm, Talkshow, Erkundung, Pro-Contra-Debatte, Lehrgang, Fallanalyse, Zukunftswerkstatt, Computersimulation, Parlamentsbesuch etc.
Arbeitstechniken	Textanalyse, mit Hilfe von Kategorien Fragen bilden, Fragen aus unterschiedlichen Sichtweisen bilden, Auswertung von Statistiken und Schaubildern, Interpretation von Karikaturen, Bienenkorb, Flugblatt schreiben, Quiz, Rätsel, Vortrag halten, Internetrecherche etc.

Ein weiteres Hilfsmittel für die methodische Gestaltung des Unterrichts sind die *Unterrichtsmedien.* Sie sind ein Mittel zum Erreichen von Zielen, ermöglichen eine bildende Sachbegegnung und dienen auch als Lernhelfer für die Schülerinnen und Schüler.

Methoden

Im Politikunterricht gibt es weder einen Königsweg noch die beste Methode für die Vermittlung von Inhalten. Bei der Planung können viele unterschiedliche Methoden für den Unterricht vorgesehen und zahlreiche Variationen genutzt werden. Es gibt aber für den Planenden ein Auswahlkriterium: Methoden und Medien müssen sowohl zu Inhalt und

Zielen als auch zu den Unterrichtsbedingungen passen. Wenn die Methoden mit den fachspezifischen Bildungszielen harmonieren und mit bestimmten Qualitäten des politischen Handelns in Verbindung gebracht werden können, kommt ihnen konstitutive Wirkung zu. Passt die Methode aber nicht zu den Inhalten, Zielen und Unterrichtsbedingungen, dann verwirrt der Unterricht die Lernenden (Breit 1998b). Der Wert von Methoden lässt sich deshalb nicht pauschal, sondern nur im Blick auf die anzustrebende Qualität politischer Lern- und Bildungsprozesse angeben.

Insbesondere *handlungsorientierte Methoden* (Reinhardt 1997; Massing 1998; Breit/Schiele 1998) schließen bereits in der Anlage wichtige Dimensionen politischen Handelns mit ein, da die Schülerinnen und Schüler sich aktiv und gezielt mit Problemen der politischen Wirklichkeit auseinander setzen. Diese Methoden ermöglichen zudem mehr als die rein intellektuelle Aneignung von Sach- und Fachwissen. Sie fördern die Kompetenz der Lernenden dadurch, dass die Jugendlichen im Unterricht gleichsam als demokratische Bürgerinnen und Bürger probehandeln oder das Handeln von Politikern simulieren können. Methoden wie das Rollenspiel, das Planspiel, die Talkshow und die Pro-Contra-Debatte bilden den Kern des handlungsorientierten Politikunterrichts (Massing 1998). Denn die Auseinandersetzung mit politischer Realität wird durch die Methode gefördert. Die Schülerinnen und Schüler handeln zwar nicht wie die professionellen Akteure in der Politik, aber sie versuchen sich dieser Welt anzunähern und Vorstellungen zu entwickeln. Dies fördert das Verständnis politischer Vorgänge, die in einer Demokratie vordergründig unübersichtlich erscheinen. Bei all diesen Vorzügen muss hier aber auch gesagt werden: Methoden sind kein Zaubermittel zur Beseitigung von Politikverdrossenheit, Desinteresse und sozialem Fehlverhalten. Handlungsorientierte Methoden können Jugendliche überfordern. Wer als Lehrerin oder Lehrer dies nicht beachtet, läuft Gefahr, im Unterricht falsche Vorstellungen vom Tun und von den Möglichkeiten eines Politikers zu vermitteln und so – ungewollt – die Politikverdrossenheit bei den Heranwachsenden zu fördern (Breit 1998a).

Eine Schülerin schildert ihre Erfahrungen mit den handlungsorientierten Methoden (Weißeno 1998, 279 f.) folgendermaßen:

Christine: Die handlungsorientierten Methoden haben das Ganze zwar veranschaulicht, waren aber eigentlich nur für den, der auch politisches Hintergrundwissen schon hatte, aus der Zeitung. Dem hat das noch mehr geholfen, weil er dazu auch etwas sagen konnte, oder halt als Talkmaster, da braucht man das politische Wissen nicht unbedingt, höchstens vielleicht, um auch auf die Kritikpunkte einzugehen, die dann anfielen.

I.: Haben Sie dadurch leichter gelernt?

Christine: Das war auf jeden Fall interessanter – nun auch die Mitschüler in der Rolle zu sehen als Politiker.

I.: Wann klappte das nicht oder wo sehen Sie die Grenzen solcher Methoden?

Christine: Wenn vom Schüler verlangt wird über etwas zu reden, wovon er überhaupt keine Ahnung hat. Dann kann das Ganze ja nicht funktionieren, solange immer nur einer dabei ist, der was weiß.
I.: Beispiel? Haben Sie ein Beispiel?
Christine: Ja gut. Also, als wir ein Ehepaar nachspielen sollten, hat das nicht so ganz funktioniert, weil man einfach den Abstand nicht hatte zu dem Schüler und dann gleichzeitig in die Rolle zu schlüpfen einer Ehefrau oder eines Ehemannes. Das wurde dann im Grunde sehr albern und wir konnten hinterher dann auch nicht mehr so viel da rausholen aus dem Ganzen.
I.: Sollte jeder Schüler eine Rolle übernehmen müssen?
Christine: Wenn man´s freiwillig sich aussuchen kann, dann ist es auf jeden Fall effektiver, weil der Schüler sich dann auch mehr einbringen wird, weil er es ja von sich aus tut.
I.: Warum haben Sie denn manche Rollen nicht übernehmen wollen?
Christine: Vor der ganzen Klasse schämt man sich auch ein bisschen. Und damals, als wir das angefangen haben, da waren wir auch noch nicht so miteinander bekannt. Also, diese Talk-Runden – im Nachhinein – haben auch viel besser geklappt als dieses Handlungsspiel. Vielleicht, weil wir es erst später gemacht haben, und wir uns untereinander besser kannten, wo man dann auch nicht mehr Scham hatte. Es war einfach auch eine lockere Atmosphäre dann.

Handlungsorientierter Unterricht fördert immer auch das soziale Lernen. Wenden die Schülerinnen und Schüler eine handlungsorientierte Methode an, dann arbeiten sie nicht nur an den Inhalten, sondern zugleich auch an ihren Beziehungen zum Lehrer und zu den Mitschülern. Allerdings bildet hierfür die Entwicklung einer klassenzimmerspezifischen Kultur der gegenseitigen Anerkennung eine Voraussetzung (Henkenborg 1997 a und b). Nicht in allen Klassen ist dies gegeben. Da Sachkritik immer zugleich Personenkritik enthält, erfordert der Einsatz handlungsorientierter Methoden ein hohes Maß an Professionalität auf Seiten der Lehrenden. Andererseits werden durch solche Methoden mehr Lerntypen angesprochen als durch den Frontalunterricht. Kognitives und emotionales Lernen werden ermöglicht.

Arbeitstechniken

Die Arbeitstechniken kann man in mehrere Großgruppen unterteilen. Die einen beziehen sich auf den Inhalt des Unterrichts. Mit ihnen lassen sich Aufgaben für die Schülerinnen und Schüler zur Bearbeitung von politischen Sachverhalten beschreiben (mit Kategorien Untersuchungsfragen bilden, nach Antworten auf kategorial gebildete Fragen suchen, mit Kriterien Urteilsfragen bilden und beantworten, Fragen aus unterschiedlichen Sichtweisen bilden und beantworten). Andere Arbeitstechniken beziehen sich mehr auf die Interaktion und Kommunikation in der Klasse (z.B. Blitzlicht, Bienenkorb).

Schließlich gibt es Arbeitstechniken, die Lernprozesse bei den Schülerinnen und Schülern durch Visualisierung, Anordnung oder Verfremdung unterstützen sollen. Diese Arbeitstechniken sind als äußere Lernhilfen für die Schülerinnen und Schüler gedacht. Die Aktivierung der Lernenden besteht im Weiteren in der Herstellung, Veränderung, Vervollständigung eines Produktes (Puzzle, Lückentext, Mind-Mapping, Kreuzworträtsel). Diese Aufgaben sind insbesondere bei jüngeren Schülerinnen und Schülern sehr beliebt (Zeitschrift Brigitte: „Wir haben eine kleine Maus versteckt. Findest du sie?"). Hingebungsvoll stellen sie sich der geforderten Aufgabe und die Lehrerinnen und Lehrer zeigen sich begeistert über den Eifer. Die so hervorgerufene Mitarbeit bedeutet in ihren Augen schon einen Unterrichtserfolg. Daher übernehmen sie gerne derartige Arbeitstechniken. Der Erfolg darf auch nicht als gering eingeschätzt werden. Das Interesse der Lernenden wird zweifellos geweckt und überträgt sich vielleicht sogar ein wenig auf „Politik" als den Inhalt des Unterrichts. Ob bei der Anwendung dieser Arbeitstechniken allerdings das politische Denken und Handeln gefördert wird, muss bezweifelt werden.

Hierzu ein Beispiel: Ein Lückentext wird als vermittelnde Instanz zwischen den Lernenden und einigen aufzufindenden Begriffen aus den Artikeln des Grundgesetzes verstanden und dient somit der Form, der Struktur und Ausstattung einer Lernsituation (Grundgesetz für Einsteiger 1997). Inwieweit diese Aufgabe bzw. Arbeitstechnik nun aktivierender als das Lesen eines Schulbuchtextes ist, hängt von der konkreten Situation und vom Lernertyp ab. Die Aktivierung zielt im Übrigen nur auf die Arbeitshaltung des Lernenden, nicht auf das politische Denken und Handeln, denn Kopf- und Handarbeit sind zwangsläufig integriert und dem Lernenden ist kein Spielraum auf der Lern- und Handlungsebene gegeben. Eine Vermittlung der Aktivität mit dem Ziel und dem Inhalt politischen Denkens wird damit noch nicht erreicht. Sie sind insofern kaum fachdidaktisch aufgeladen und können deshalb allenfalls in Ansätzen das Gerüst eines wie auch immer zu definierenden fachdidaktischen Prinzips von Handlungsorientierung darstellen. Das angestrebte Ziel eines demokratischen Bürgers ist allein durch Standbilder, assoziative Einstiege, Fotoromane etc. noch nicht erreichbar. Andererseits können sie Interesse wecken und bei der Verwirklichung der angestrebten Ziele sehr hilfreich sein. Sie verfehlen nur dann ihre Aufgabe, wenn sich der Unterricht auf sie beschränkt.

Anders zu beurteilen sind die Arbeitstechniken, die sich auf die Bearbeitung politischer Sachverhalte beziehen. Immer wiederkehrende Kategorien und Urteilskriterien sowie Untersuchungsfragen, mit denen die Schülerinnen und Schüler politische Inhalte bearbeiten können, prägen sich mit der Zeit ein. Die Schülerinnen und Schüler werden so im Laufe ihrer Schulzeit durch den Politikunterricht befähigt, sich selbstständig über einen politischen Vorgang ein Urteil zu bilden. Zwar ist das kategoriale Lernen (Hilligen 1999) im Politikunterricht weitgehend in Vergessenheit geraten, doch sind Didaktikerinnen und Didaktiker heute um eine Neubelebung bemüht (vgl. Breit 1999, 120 ff.).

Mit einer Zusammenstellung von Kategorien und Untersuchungsfragen erhalten die Schülerinnen und Schüler ein Instrumentarium an die Hand, das ihnen das selbstständige politische Denken erleichtert. Schon wenige Analysefragen eröffnen den Jugendlichen Zugänge zur „Politik". Hier wird ein bewusst einfach gehaltenes „Handwerkszeug" zur Untersuchung politischer Sachverhalte durch Schülerinnen und Schüler im Unterricht vorgestellt, das jede Politiklehrerin und jeder Politiklehrer abändern und erweitern kann. Wir haben die Untersuchungsfragen aus Modul 1 in eine einfache Frageform gebracht:

Untersuchungsfragen für Schülerinnen und Schüler

Kategorien	***Untersuchungsfragen***
Politische Probleme	Um was geht es?
Akteure	Wer ist an der Auseinandersetzung beteiligt?
Interessen	Welche Interessen verfolgen die Akteure?
Handlungsrahmen	Welche Bestimmungen der Verfassung beeinflussen die Auseinandersetzung?

In dieser Auflistung von Kategorien werden unschwer die drei Dimensionen des Politischen sichtbar (Dimension Inhalt *Probleme*; Dimension Prozess *Akteure, Interessen*; Dimension Form *Handlungsrahmen*).

Auch für die politische Urteilsbildung kann die Lehrerin und der Lehrer für die Schülerinnen und Schüler Kriterien und davon abgeleitete Urteilsfragen zusammenstellen (Massing 1997; Breit 1997b; vgl. Lohmann 2000, 204 ff.). Hier ein Vorschlag:

Urteilsfragen für Schülerinnen und Schüler

Urteilskriterien	***Urteilsfragen***
Eigenes Interesse	Welche politische Entscheidung liegt in meinem Interesse?
Effizienz	Entspricht der Aufwand dem zu erwartenden Nutzen?
Legitimität	Würde ich anstelle der Beteiligten bzw. Betroffenen die Entscheidung für annehmbar halten oder nicht?

Was sind die Vorteile der Arbeit mit Untersuchungsfragen im Politikunterricht? Die Schülerinnen und Schüler können

- in vorbereiteten bzw. selbst beschafften Medien nach Antworten suchen und so selbstständig einen politischen Sachverhalt untersuchen,
- sich eine eigene Meinung bilden und darüber in der Klasse diskutieren.

Vor allem aber ist wichtig:
- Die Schülerinnen und Schüler denken und arbeiten/handeln als selbstständige Subjekte.
- Die Erfahrung, mit eigenen Mitteln und aus eigener Kraft sich über politische Vorgänge ein Bild machen zu können, stärkt ihre Bereitschaft, sich über Politik zu informieren und sich an Politik zu beteiligen.

Ein solcher Bestand an Fragen und Denkanstößen bildet den „Kern des Methodenlernens" (Wolfgang Hilligen).

Die Verwendung von Methoden und Arbeitstechniken muss im Unterricht vorbereitet werden. Es macht keinen Sinn, mit Schülerinnen und Schülern eine Talkshow ohne Einarbeitung in den Gegenstand durchzuführen oder eine Facharbeit ohne Hilfestellungen erarbeiten zu lassen. Bei einer unzureichenden Vorbereitung festigt der Besuch einer Parlamentsdebatte nur die Vorurteile der Schülerinnen und Schüler über Politiker („Die hören nicht zu und lesen Zeitung oder quatschen; einer hat sich sogar in der Nase gebohrt."). Das Verständnis der Jugendlichen für die Arbeit im Parlament wird durch derartige Beobachtungen sicherlich nicht gestärkt. Doch auf was sollen die Schülerinnen und Schüler achten, wenn sie ohne Vorbereitung auf der Besuchertribüne des Bundes- oder Landtages sitzen? Mit ihren Erfahrungen aus ihrer Lebens- und Vorstellungswelt fällt ihnen eben auf, wenn Politiker in ruppigem Ton streiten, nicht dem Redner zuhören und stattdessen miteinander reden, Akten bearbeiten, heimlich essen oder anderen, den Jugendlichen vom Unterricht und von der Schule her durchaus geläufigen Tätigkeiten nachgehen.

5.4 Fallanalyse

Ein klassische Methode in der politischen Bildung ist die *Fallanalyse.* Auch die Journalisten von überregionalen Tageszeitungen und von Fernsehanstalten arbeiten gerne nach dem Fallprinzip, wenn sie ein Feature drehen oder einen Artikel schreiben. Eine Fallanalyse kann auch dann Aufmerksamkeit erzeugen, wenn die politischen Inhalte vielen Jugendlichen abstrakt, komplex und weit entfernt von ihren eigentlichen Bedürfnissen und Interessen angesiedelt zu sein scheinen. Jugendliche denken nicht gerne abstrakt. Dafür entwickeln sie bei der Analyse von Ereignissen aus ihrer eigenen Alltagswelt oftmals ein erstaunliches Maß an Kreativität, Einfühlungsvermögen und Phantasie. Nicht selten wird bei der Analyse derartiger „Fälle" ihr Gerechtigkeitsempfinden und/oder ihre Anteilnahme/Fürsorge geweckt, so dass sie von sich aus auf die Beschäftigung mit politischen Lösungsmöglichkeiten drängen. Die Betroffenheit ist mitunter so stark, dass sie auch nach den Schritten der Verallgemeinerung zu einem Sachverhalt des sozialen Lernens oder zu einem politischen Problem, Konflikt oder Strukturzusammenhang aus intrinsischem Interesse heraus am Unterrichtsgeschehen teilnehmen.

Ein *Fall* stellt ein konkretes Ereignis dar, das zeitlich und räumlich begrenzt ist und in dem einzelne Personen handeln. In dem Fall bildet sich der in der Unterrichtseinheit zu behandelnde soziale oder politische Inhalt ab (Gagel 2000, 80 ff.).

Zwei Arten von Fällen sind zu unterscheiden:

1. Der Fall stammt aus der *Erlebnis- und Vorstellungswelt* der Jugendlichen; sie können sich ein solches Ereignis leicht vorstellen. Über den Fall, in dem einzelne Personen agieren, kann jeder in der Klasse allein mit den Erfahrungen, die er in den Unterricht mitbringt, sprechen. Daher können sie sich an der Untersuchung ohne besondere Vorkenntnisse und Lernanstrengungen beteiligen. Und das tun Schülerinnen und Schüler erfahrungsgemäß spontan und engagiert. Viele ihrer Beobachtungen und Beiträge zeugen von ihrem Einfallsreichtum. Sie können den Vorgang nicht nur von außen (Außenperspektive), sondern auch von innen aus der Sicht der handelnden Personen (Innenperspektive) sehen. Denken sie sich in deren Gedanken und Gefühle hinein (Soziale Perspektivenübernahme; vgl. Breit 1991), dann kann Empathie entstehen, die sich in Anteilnahme bzw. Mitgefühl oder in verletztem Gerechtigkeitsempfinden äußert. Anstelle der handelnden Personen denken die Schülerinnen und Schüler über Änderungsmöglichkeiten nach. Oftmals schlüpfen sie spontan in die Schuhe der fremden Personen und äußern ohne besondere Aufforderung des Lehrers deren Gedanken und Empfindungen. Der Lehrer oder die Lehrerin kann die Denkoperation der sozialen Perspektivenübernahme aber auch durch Fragen anregen.
2. Ein Ereignis aus der *aktuellen Tagespolitik* bildet den Fall. Auch hier handeln Einzelpersonen, die den Schülerinnen und Schülern zumeist vom Fernsehen her bekannt sind. Das Ereignis stammt aber nicht aus der Vorstellungs- und Erlebniswelt der Jugendlichen, ist ihnen daher nicht ohne weiteres zugänglich, kann aber auch ihr Interesse wecken (z.B. Vertrauensfrage im Bundestag). Dafür ist der Schritt der Verallgemeinerung zu einem politischen Problem, Konflikt oder Strukturzusammenhang weniger groß und daher leichter leistbar.

Fragen zur Fallanalyse

Außenperspektive: Wer ist beteiligt? Worum geht es? Wie ist der Verlauf? Welche Absichten, Interessen und Zielvorstellungen verfolgen die Beteiligten? Welche Mittel wenden sie dabei an?

Innenperspektive: Wie sieht eine an dem Fall beteiligte Person das Ereignis? Was denkt und fühlt sie? Was hättest du gedacht und gefühlt? Wie hättest du gehandelt?

5.5 Lernwege

Den Unterricht mit Methoden und Arbeitstechniken zu beschreiben ist eine Möglichkeit der Klassifizierung und Systematisierung des Unterrichtsablaufs. Eine andere ist die Unterscheidung von Lernwegen. Ähnlich wie bei den Methoden werden hierbei größere Einheiten (Stunden oder Sequenzen) erfasst. Sie modellieren den Gang des Unterrichtsprozesses und die Handlungssituationen, die sich aus der Zielgerichtetheit der Methoden und Arbeitstechniken ergeben. Die Abfolge der einzelnen Unterrichtsschritte stellt den Lernweg dar, der die Form, den zeitlichen Ablauf und die Richtung der zugelassenen unterrichtlichen Interaktionen reguliert. Die geschickte Variation solcher Lernwege entwickelt in den Lerngruppen so etwas wie eine Methodenkultur.

> *Ein Lernweg beschreibt den Ablauf der Unterrichtsprozesse. Er gliedert sich durch die zeitliche Abfolge der Schritte und durch die Folgerichtigkeit dieser Schritte im Hinblick auf die Inhalte, Ziele und Lernvoraussetzungen.*

Die Frage, wann ein Lernweg richtig gewählt ist, lässt sich nur schwer beantworten („viele Wege führen nach Rom"). Selten wird im Alltag die Unterrichtsplanung so gründlich ausgearbeitet, dass sich wirklich von der ersten bis zur letzten Sekunde der Stunde ein Schritt folgerichtig aus dem vorangegangenen ergibt. Im Unterricht selbst ist eine solche innere Stimmigkeit wegen der nicht vorhersehbaren Schüleräußerungen ohnehin nicht realisierbar. Diesen „Mangel" sehen die jugendlichen Unterrichtsteilnehmer nicht so eng wie Seminarleiter. Angesichts ihrer Erfahrungen mit Musikclips und Werbesendungen sind sie es gewohnt zerstückelte Botschaften zu deuten. Ohnehin kann man kritisch einwenden, dass das starre Schema eines Lernweges mehr den Ansprüchen eines Lehrenden als den individuellen Lernbedürfnissen der Schülerinnen und Schüler entspricht.

Einen einheitlichen Lernweg gibt es im Politikunterricht nicht. Drei typische *Lernwege* lassen sich unterscheiden:

1. Der Unterricht kann von dem abstrakten politischen Sachverhalt ausgehen und zu einem konkreten Ereignis überleiten.
2. Häufiger geht der Unterricht von einem konkreten Ereignis aus, führt von hier aus zur Analyse und Beurteilung des darin enthaltenen sozialen oder politischen Sachverhaltes und geht dann wieder zurück zu (dem alten oder einem neuen) konkreten Ereignis.
3. Schließlich kann sich die Lehrerin oder der Lehrer damit begnügen, die gesamte Unterrichtszeit über ausschließlich nur einen politischen Vorgang oder Sachverhalt abstrakt zu behandeln.

Die Denkbewegung vom konkreten Ereignis (Fall) aus zu dem sich darin abbildenden sozialen oder politischen Sachverhalt wird *Abstraktion* genannt, die vom politischen Sachverhalt aus zurück zum konkreten Ereignis (Fall) *Rekonkretisierung.* Wolfgang Hilligen hat auf die Bedeutung des Wechsels vom Besonderen zum Allgemeinen hingewiesen. Der „Pulsschlag von Abstraktionen und Rekonkretisierung kennzeichnet das didaktische Denken (wie alles kritische wissenschaftliche) Denken; er ermöglicht den Aufbau kognitiver Strukturen (Denkstrukturen)!“ (Hilligen 1985, 30).

Im Politikunterricht hat es sich bewährt, von einem Fall auszugehen. Danach arbeiten die Unterrichtsteilnehmer in einem Schritt der Verallgemeinerung den sich in dem Fall abbildenden sozialen oder politischen Inhalt heraus (Abstraktion). Nach der politischen Analyse und/oder Urteilsbildung gehen die Schülerinnen und Schüler zum Fall zurück (Rekonkretisierung) und überlegen, was

- ihre herausgearbeitete Problemlösung und/oder
- das von ihnen gewünschte oder vorhergesehene Ergebnis der politischen Auseinandersetzung und/oder
- die herbeigeführte politische Entscheidung und/oder
- die von ihnen befürwortete Veränderung des politischen Handlungsrahmens für die Einzelpersonen aus dem Fall-Beispiel bedeuten würde. Diese Rekonkretisierung gibt den Schülerinnen und Schülern Gelegenheit, ihre abstrakt getroffene Urteilsbildung zu überprüfen.

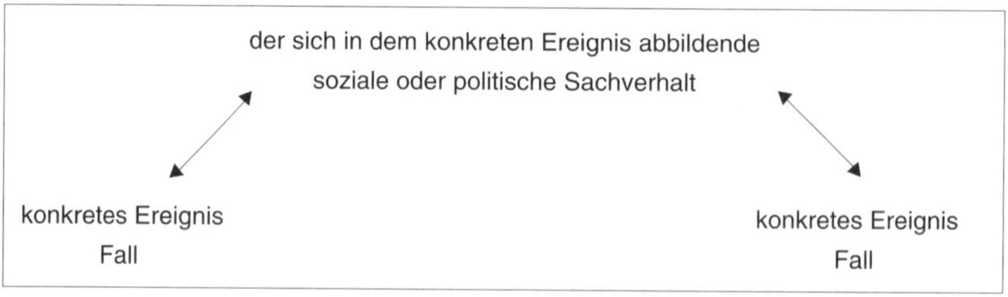

Hier drei Möglichkeiten für diesen Wechsel von Konkretisierung und Abstraktion:

Möglichkeit 1

Die Schülerinnen und Schüler beschäftigen sich zunächst mit einem Ereignis aus der Alltags- und Vorstellungswelt der Jugendlichen, in dem sich der soziale und/oder politische Inhalt der Unterrichtseinheit abbildet. Von einem solchen Fall ausgehend stoßen die Unterrichtsteilnehmer zu politischen Inhalten vor, die in einem Bezug zu dem Fall stehen (ausführlich Breit 1996).

Beispiel: In einem Harzer Luftkurort soll die Kurdenfamilie Madat in Container, die mitten im Wald in Höhe der früheren innerdeutschen Grenze aufgestellt sind, abgeschoben werden. Die Kurdenfamilie wehrt sich aus Angst vor fremdenfeindlichen Übergriffen. Die Bevölkerung spaltet sich in Gegner und Fürsprecher der Familie Madat. Bei einer gründlichen Fallanalyse sprechen die Schülerinnen und Schüler ab einem gewissen

Zeitpunkt ganz von selbst nicht mehr über die Kurdenfamilie Madat und Walkenried, sondern allgemein über die Lage der Asylbewerber in Deutschland. Damit haben sie den Schritt der Verallgemeinerung bzw. Abstraktion zur politischen Ebene hin vollzogen. Auf dieser Ebene können dann das Asylbewerberproblem, die Auseinandersetzungen darüber und politische Entscheidungen einschließlich der Veränderungen des Art. 16 GG untersucht und beurteilt werden. Dabei sehen sich die Schülerinnen und Schüler immer wieder aufgefordert, in einem Schritt der Rekonkretisierung ihre Vorschläge und Entscheidungen auf die Situation der Familie Madat zu übertragen und zu prüfen, ob aus deren Sicht das Urteil annehmbar erscheint oder nicht (Breit 1992).

Möglichkeit 2
Auf der konkreten Lernebene werden politische Ereignisse bzw. Vorgänge untersucht, in denen sich die politischen Inhalte der Unterrichtseinheit abbilden. Nach der Analyse und/ oder Beurteilung dieser konkreten politischen Vorgänge stoßen die Unterrichtsteilnehmer zu allgemeinen politischen Inhalten vor.

Beispiel: Der Arbeitgeberpräsident Stihl schlägt vor, das Renteneintrittsalter auf 67 anzuheben. Dieser Vorschlag löst eine heftige politische Auseinandersetzung aus. In diesem Streit bilden sich das Rentenproblem und der Konflikt um die Lösung dieses Problems exemplarisch ab.

Möglichkeit 3
Die Schülerinnen und Schüler gehen von einem Fall aus ihrer Alltags- und Vorstellungswelt aus, stoßen zu einem Ereignis der aktuellen Tagespolitik vor und versuchen von hier aus eine Verallgemeinerung.

Ein Beispiel: Die Unterrichtseinheit beschäftigt sich mit einem Arbeitskampf in der Druckindustrie (Himmelmann u.a.1992).

Konkrete Lernebene	Fall aus der Vorstellungswelt der Schülerinnen und Schüler Zunächst lernen die Schülerinnen und Schüler die Sorgen und Ängste zweier Schriftsetzer und ihrer Familien kennen.
	Fall aus der Welt der Politik Danach analysieren sie den aktuellen Konflikt in der Druckindustrie.
Allgemeine Lernebene	Von hier gelangen sie in einem Schritt der Verallgemeinerung zu Überlegungen über die Bedeutung von Konflikten in einer Demokratie.

Daneben sind noch weitere Möglichkeiten denkbar. In dem Unterrichtsbeispiel in diesem Buch geht der Weg von einem Fall-Beispiel zu einer Verallgemeinerung und von hier aus zu einem neuen Fall, in dem die Erkenntnisse aus dem ersten Fall-Beispiel erprobt werden (s. Teile II und III).

5.6 Lernebenen im Politikunterricht

Bei den Lernwegen ist bereits deutlich geworden, dass politische Inhalte auf unterschiedlichen Ebenen auffindbar sind. Dies stellt besondere Anforderungen an die Planung von Unterricht. Der Lehrende kann das Vorhaben so planen, dass der Unterricht auf mehreren Lernebenen stattfindet.

Auf einer *konkreten Lernebene* wird untersucht

- ein Ereignis (Fall) aus der Lebens- bzw. Vorstellungswelt der Schülerinnen und Schüler, in dem sich der allgemeine soziale oder politische Sachverhalt der Unterrichtseinheit abbildet,

oder

- ein aktuelles politisches Ereignis (Fall), in dem sich der allgemeine politische Sachverhalt der Unterrichtseinheit abbildet.

Auf einer *allgemeinen politischen Lernebene* werden die sich in dem Fall abbildenden politischen Sachverhalte mit dem Ziel einer eigenen Handlungsorientierung analysiert und beurteilt. Zusätzlich können diese Inhalte in einem oder in mehreren Schritten noch weiter verallgemeinert bzw. generalisiert werden (Gagel 1986, 287).

Zu den zwei Lernebenen (konkrete L. und allgemeine L.) kann eine dritte dazukommen: die *globale Lernebene* (ausführlich dazu die fachdidaktische Konzeption von Wolfgang Hilligen, 1985). In dem politischen Sachverhalt kann sich ein globales Problem (Breit 1991, 1995, 125 f., 1999) bzw. ein Kennzeichen unserer Zeit abbilden, das das gegenwärtige und zukünftige Dasein aller Menschen, also auch der Schülerinnen und Schüler, bestimmt. Diese Kennzeichen sollen als Herausforderungen verstanden werden, denn sie rufen dazu auf, sich für die Bewältigung von Menschheitsproblemen einzusetzen. Politischer Unterricht, der zu einer globalen Lernebene vorstößt, öffnet Fenster und weitet den Blick der Heranwachsenden für weltweit existentielle Probleme in Gegenwart und Zukunft.

In der Bundesrepublik beschäftigte sich der Politikunterricht von seinem Beginn an bis heute vornehmlich mit innenpolitischen Themen. Um den Blick der Jugendlichen auch bei diesen Themen über die Grenzen Deutschlands und Europas hinaus zu lenken, bietet es sich an, den Bezug der Unterrichtsgegenstände (soziale und politische Probleme, Prozesse und Strukturen) zu weltweiten Problemen oder Herausforderungen herzustellen.

Ein Unterrichtsbeispiel (Breit 2001):

konkrete Lernebene	Ein Fall: Jugendliche Obdachlose in Braunschweig
allgemeine Lernebene	1. Stufe der Generalisierung das Obdachlosenproblem in der Bundesrepublik Deutschland
	2. Stufe der Generalisierung Armut in dem Industrieland Bundesrepublik
globale Lernebene	Armut in der Dritten Welt – Reichtum in den westlichen Industriestaaten

An einem solchen Brückenschlag zeigen sich erfahrungsgemäß viele Jugendliche interessiert. Fragt man sie nach globalen Problemen, die nach ihrer Ansicht für das Dasein aller Menschen und damit auch für sie existentielle Bedeutung besitzen, dann nennen sie nach kurzem Nachdenken zumeist: Gewalt und Kriege, Umweltzerstörung – die Bedrohung der natürlichen Grundlagen menschlicher Existenz, Bevölkerungswachstum – Migrationsbewegungen, weltweite soziale Ungleichheit – Armut in der Dritten Welt.

Die Lernebenen lassen sich schematisch folgendermaßen zusammenfassen.

Lernebenen im Politikunterricht:	
eine konkrete Lernebene	mit Fallbeispielen entweder – aus dem Erfahrungsbereich bzw. der Vorstellungswelt der Schülerinnen und Schüler oder – aus dem aktuellen politischen Geschehen
eine allgemeine Lernebene mit unterschiedlichen Abstraktionsstufen	– mit der Analyse und Beurteilung von sozialen und politischen Sachverhalten – mit einer Generalisierung oder mehreren Generalisierungen
eine globale Lernebene	– mit weltweiten Problemen, die eine Herausforderung an die Politik, aber auch an die Verantwortung jedes Einzelnen darstellen.

Weder die Lernebenen noch die Lernwege können ein verbindliches Ablaufmuster für den Politikunterricht festlegen. Es sind Grundbegriffe der Unterrichtsmethodik wie Methoden, Arbeitstechniken und Medien; sie sind zugleich typisch für den Politikunterricht. Sie sind als Ideengeber für die eigenen Planungen und als Hilfe zur Strukturierung von Lernprozessen gedacht.

5.7 Unterrichtsmedien

Formen und Funktionen von Unterrichtsmedien

Der Begriff Medium meint in der Umgangssprache ein *Mittel* oder einen Mittler. In der Schule wird er für sehr unterschiedliche Sachverhalte verwendet, z.B. für Tafel, Landkarte, Radio, Fernsehen, Film, Arbeitsblatt, Computersimulation, Unterrichtsgespräch, Lehrervortrag, Modell, Rollenspiel, Videokamera, Karikatur, Wandzeitung, Zeitung, Schulbuch, Mind-Map, Beamer und anderes mehr. Medien sind Informationsträger, Geräte zur Übertragung von Zeichen, Materialien und Software. Mit traditionellen Unterrichtsmedien bezeichnet man z.B. Tafel, Arbeitsblatt, Schulbuch, vielleicht auch schon das Fernsehen, mit neuen alle computerbasierten Medien. Jedes Medium hat eine eigene Qualität und beeinflusst damit den Lernprozess (Weißeno 2001, 22).

Nachrichten, Informationen, Meinungen über Prozesse in der Politik und das Handeln der Politiker werden nicht von den Lehrenden, sondern andernorts produziert. Ein großer Teil der Unterrichtsmedien wird durch die öffentlichen Medien erstellt. Sie sind für Lehrende und Lernende gleichermaßen zugänglich. Die Medienberichterstattung und die sonstigen Quellen des politischen Alltags werden zum Inhalt des Politikunterrichts, über ihre Auswahl und methodischen Arrangements entscheiden aber die Lehrerinnen und Lehrer und neuerdings zunehmend die Schülerinnen und Schüler. Politikunterricht ist ohne *öffentliche Medien* nicht vorstellbar; sie werden für die Vermittlung politischen Wissens genutzt, können aber allein noch kein hinreichendes Kriterium für die Unterrichtsentscheidungen sein. Schließlich können die öffentlichen Medien mit ihren Produktionsbedingungen auch einmal selbst zum Gegenstand des Politikunterrichts werden.

Die bisherige Aufzählung macht auf die Unterscheidung zwischen *öffentlichen Medien* und *Unterrichtsmedien* aufmerksam. Es besteht ein erheblicher Unterschied zwischen einem öffentlichen Medium, das sich an ein breites Publikum wendet, und einem Unterrichtsmedium, das im Lehr-Lernprozess eingesetzt wird. Die Intentionen, die jeweils mit einem Medium verbunden werden, sind sehr verschieden.

Eine Verbindung zwischen öffentlichen Medien und Unterrichtsmedien stellen die Wochenschau-Hefte (Schwalbach/Ts.) her. In ihnen finden sich aktuelle Texte, Schaubilder und Karikaturen, hauptsächlich aus Zeitungen, aber auch aus wissenschaftlichen Veröffentlichungen, die für die Verwendung im Politikunterricht zu einem Thema geordnet, aufbereitet und mit Hinweisen, Fragen und Arbeitsaufgaben verbunden worden sind. Viele Politiklehrerinnen und -lehrer ziehen regelmäßig diese Hefte zur Planung ihres Unterrichts hinzu.

Im Unterricht aller Fächer erfüllen Medien eine Vielzahl von Funktionen: Zunächst einmal dienen sie der *Unterrichtsführung* bzw. Steuerung des Lernprozesses. Sie können den

Unterricht versachlichen und den Blick vom Lehrenden auf die Sache lenken, mit ihnen soll ein gewünschtes Lernergebnis erreichbar werden. Des Weiteren sollen die Medien veranschaulichen, visualisieren, konkretisieren, detaillieren. Die *Veranschaulichung* greift nicht nur auf die Sprache zurück, sondern auch auf andere Sinneskanäle. Anschaulichkeit und Abstraktionsgrad bedingen einander. Unterrichtsmedien werden vielfach danach ausgewählt, ob sie *Motivation* fördern. Sie können ästhetisch ansprechend gestaltet sein, Emotionen freisetzen und Interesse wecken. Die Vorstellung, dass zu einem gelungenen Einstieg ein motivierendes Unterrichtsmedium gehört, ist in der Praxis weit verbreitet. Die Auswahl verschiedener Medien für die einzelnen Phasen des Unterrichts führt zur *abwechslungsreichen* Gestaltung. Dies wird die Wirksamkeit und die Lernintensität erhöhen.

Über die Medien kann die *innere Differenzierung* des Unterrichts erleichtert werden. Werden verschiedene Medien verwendet, dann kann das unterschiedliche Lerntempo der Schülerinnen und Schüler berücksichtigt werden. Unterrichtsmedien dienen dazu, die *Eigenaktivität* der Schülerinnen und Schüler zu erhöhen. Sie stiften soziale Beziehungen in den Lerngruppen, fördern das selbstständige Erarbeiten eines Problemfeldes, ermöglichen die Selbststeuerung und Selbstorganisation des Lernprozesses. Schließlich können insbesondere Multimedia-Angebote die Seh- und Lerngewohnheiten der Schülerinnen und Schüler berücksichtigen, alle *Sinneskanäle* und somit unterschiedliche Lerntypen ansprechen. Dies fördert die emotionale Beteiligung der Schülerinnen und Schüler am Unterricht (Weißeno 2001, 24).

Die Auflistung dieser Funktionen, die keiner Systematik folgt und unvollständig bleiben muss, lenkt den Blick noch nicht auf die spezifischen Bedingungen des Politikunterrichts. Die bislang genannten Funktionen sind allgemein pädagogisch motiviert und gelten sicher auch für andere Schulfächer.

Medien im Implikationszusammenhang

Die nicht für Unterrichtszwecke konstruierten Arbeitsmittel wie Zeitungsartikel, Fernsehsendungen, Datenbanken, Computerspiele, Internetinformationen sind Teil der Alltagswelt und nicht frei von Ungereimtheiten, Unverständlichkeiten, Widersprüchen und Unausgewogenheiten. Sie erfordern Distanzierung, selektiven Umgang und Interpretation. Die meisten Medien des Politikunterrichts müssen erst aufbereitet werden durch eine aktive Auseinandersetzung mit ihren Zielen und Inhalten. Sie sind in schulische Lernprozesse dann einzubeziehen, wenn ihr Bezug zu der Themen- und Fragestellung des Unterrichts geklärt ist. Die Lehrerin bzw. der Lehrer muss nicht nur vorher Zeitung lesen, sondern auch vorher im Internet surfen. Nur dann kann sie/er die Schülerinnen und Schüler im Falle einer selbstständigen Recherche unterstützen und beraten, so dass sich kein Gefühl der Beliebigkeit einstellt und die Lernenden nicht überfordert werden (vgl. Weißeno 2001, 24).

Um nicht von den Zufälligkeiten der Medien Zeitung, Schulbuch, Materialsammlungen, ,Politikkisten' etc. auszugehen, bedarf es einer Reflexion der transportierten Inhalte in Verbindung mit den gegebenen Unterrichtsbedingungen, der Zielsetzung des Faches und der Unterrichtsreihe. Ein Puzzle mit Fachbegriffen erscheint für die Vermittlung von Begriffen auf den ersten Blick sehr attraktiv. Ob damit das Verständnis derselben gefördert wird, darf aber bezweifelt werden. Eine Karikaturenrallye, die eine politische Urteilsbildung bei den Schülerinnen und Schülern anstoßen soll, kann die vorhandene Abneigung gegenüber den Politikern verfestigten. Viel hängt hier von einer *zielorientierten Auswertung* durch Lehrende und Lernende ab. Bei Zeitungstexten gilt es vorher zu bedenken, ob neue Inhalte vermittelt werden oder nur das Alltagswissen verdoppelt wird. Ein Kreuzworträtsel wird bei den Schülerinnen und Schülern auf große Zustimmung stoßen, schafft aber kaum eine offene Begegnung mit Politik. Medien müssen mit fachspezifischen Bildungszielen harmonieren und mit bestimmten Qualitäten des politischen Handelns in Verbindung gebracht werden (vgl. Weißeno 1998).

Zum besseren Verständnis dieser Planungsaufgabe soll ein Vergleich von Hilbert Meyer angeführt werden (Meyer 1987, 148 ff.): „Unterrichtsmedien sind ,tiefgefrorene' Ziel-, Inhalts- und Methodenentscheidungen". In der Planung muss der Lehrende sie ,auftauen', mit den bereits getroffenen Inhalts- und Zielentscheidungen vergleichen und ggf. eine Übereinstimmung herstellen. Nur wenn ihm dies gelingt, kann er die Medien mit Aussicht auf den geplanten Unterrichtserfolg verwenden. Im anderen Fall muss er neue, für das Unterrichtsvorhaben geeignetere Medien heranziehen oder die Ziel-, Inhalts- und Methodenentscheidungen neu durchdenken und den vorhandenen Medien anpassen.

,Tauen' Lehrerinnen und Lehrer die in den Medien tiefgefrorenen Entscheidungen nicht auf, dann besteht die Gefahr, dass die Medien nicht zu dem Inhalt, den Zielen, den Methoden und den Unterrichtsbedingungen der Einheit passen. Das Scheitern des Unterrichtsvorhabens ist vorhersehbar, da eine Eigendynamik, hervorgerufen durch die „unpassenden" Medien, entsteht und dem Unterricht eine andere Richtung gibt.

Ein Beispiel (Breit 1998b, 166 f.): Ein Artikel des damaligen Bundeskanzlers Kohl in der „Bild am Sonntag" vom März 1995 mit der Überschrift „Mehr Chancen für junge Leute" eignet sich im Unterricht für viele Ziele, für die selbstständige Herausarbeitung von Angaben über Ausmaß und Ursachen der Jugendarbeitslosigkeit aber nicht. Die Ausführungen des Kanzlers sind gefällig formuliert und leicht lesbar. Die Einfachheit und Klarheit des Textes verstellen leicht den Blick für das eigentliche Anliegen des Autors. Kohl will nicht informieren, sondern von der Wirklichkeit der Lehrstellensituation ablenken und für sich und seine Politik werben. Versuchen Schülerinnen und Schüler auf sich allein gestellt aus dem Text Informationsfragen zu beantworten, dann werden sie fast zwangsläufig in die Irre geführt. Die Schuld dafür trifft nicht sie, sondern ihre Lehrerin oder ihren Lehrer. Sie/er hat für eine Lernaufgabe den falschen Text (das falsche Medium) ausgewählt.

Zum Vergleich:

Lernaufgabe stimmt mit dem Medium *nicht* überein

Medium	Text des Bundeskanzlers mit Werbung für seine Politik und Ablenkung von der bestehenden Jugendarbeitslosigkeit in der „BamS“
Inhalt und Ziele der Lernaufgabe	Die Schülerinnen und Schüler sollen Informationen über das Ausmaß der Jugendarbeitslosigkeit sammeln.
Methode	Textanalyse in Gruppenarbeit

Lernaufgabe stimmt mit dem Medium überein

Medium	Text des Bundeskanzlers mit Werbung für seine Politik und Ablenkung von der bestehenden Jugendarbeitslosigkeit
Inhalt und Ziele der Lernaufgabe	Die Schülerinnen und Schüler sollen herausfinden, mit welcher Absicht der Bundeskanzler diesen Text in „Bild am Sonntag“ geschrieben hat.
Methode	Textanalyse in Gruppenarbeit

Unterrichtsmedien besitzen Einfluss auf die Methoden, die im Unterricht verwendet werden. Wer zu einem Thema seine Schülerinnen und Schüler im Internet suchen lässt, sieht sich unter Umständen plötzlich mit der so nicht vorgesehenen Aufgabe konfrontiert, zumindest einen der vielen gefundenen und in den Unterricht mitgebrachten Texte auch zu behandeln (Lesske, Breit 2001). Texte aus dem Internet sind nicht für den Unterricht verfasst, zumeist recht lang geraten und nicht eben leicht verständlich geschrieben. Der im Internet gefundene Text bringt so die Unterrichtsteilnehmer dazu, die Zeit mit der sehr lehrreichen und produktiven, wenn auch nicht eben belebenden Arbeitstechnik „Textanalyse“ zu verbringen. Die von der Arbeit mit dem Internet erwartete Motivation schwindet während der Auswertung des Textes bei den Schülerinnen und Schülern rasch dahin.

Im Politikunterricht sind Medien häufig für die Lehrerin oder den Lehrer mit einem *Auswahlproblem* verbunden. Gelingt es ihm/ihr, das Thema anhand eines aktuellen politischen Vorganges „abzuarbeiten“, dann besteht kein Mangel, sondern ein Überfluss an Medien. Wer beginnt, für ein Unterrichtsvorhaben zu einem aktuellen politischen Vorgang in überregionalen Tageszeitungen zu sammeln, der hat rasch eine Vielzahl von Texten, Fotos, Schaubildern und Karikaturen zusammen, von denen sie/er nur ganz wenige im Unterricht einsetzen kann. Didaktik heißt begründete Auswahl; die Lehrerin/der Lehrer muss auf die Ausbreitung der Ergebnisse ihres/seines Sammeleifers verzichten und die Klasse nicht mit Medien überschwemmen („zumüllen“).

Fallbeispiele aus der Vorstellungs- und Erlebniswelt der Schülerinnen und Schüler sind rar; man findet sie nicht jeden Tag in Zeitungen. Die Vorteile ihrer Verwendung im Unterricht für die Erreichung der Zielsetzungen des Politikunterrichts sind so groß, dass auf den Einsatz nicht verzichtet werden sollte. Hat die Lehrerin/der Lehrer ein gutes, d.h. die Jugendlichen ansprechendes bzw. (ihre Anteilnahme/Fürsorge oder ihr Gerechtigkeitsempfinden) herausforderndes Fallbeispiel gefunden, dann tut sie/er gut daran, den sich darin abbildenden sozialen oder politischen Inhalt herauszuarbeiten und zum Ausgangspunkt für die weiteren Planungsüberlegungen zu machen. Diese Entscheidung bedeutet eine Eingrenzung des Spielraumes bei der Bildung von didaktischen Perspektiven. Der Lehrerin/dem Lehrer bleiben aber auch bei diesem Vorgehen mehrere Möglichkeiten. Zu den Merkmalen eines Falles gehört seine Komplexität; ein Fall lässt beinahe immer mehrere für den Unterricht geeignete soziale oder politische Verallgemeinerungen zu. Zum Aufspüren dieser Generalisierungsmöglichkeiten eignen sich sowohl die Dimensionen des Politischen als auch der Politikzyklus bzw. die Kombination beider Politikbegriffe.

Die Medien müssen einen Beitrag zum Unterricht leisten, der über die Verdoppelung von Alltagsgewissheiten hinausführt. Ein erlebnisorientiertes Unterrichtsmedium erschließt noch nicht die Denkwelt der Politik. Medien müssen so ausgewählt werden, dass Unterricht zum politischen Lernen auch zum Kern des Politischen (Massing/Weißeno 1995) vordringen kann. Die inhaltliche Aufbereitung der Aussagen in den Medien bleibt in der Verantwortung der Lehrerin bzw. des Lehrers. Er hat darauf zu achten, dass Unterricht mit Unterrichtsmedien immer zugleich auch Unterricht über Medien bedeutet.

II. Planungen am Beispiel „Rentenreform“

Die bisher nur allgemein und theoretisch skizzierten Module werden im Folgenden durch Planungsüberlegungen zum Gegenstandsbereich „Rentenreform“ konkretisiert. Dabei sind Wiederholungen aus dem Teil I unvermeidbar. Planungsüberlegungen sind noch nicht der schriftliche Plan, wie ihn die angehende Politiklehrerin und der angehende Politiklehrer in der Studien- und Ausbildungszeit schriftlich anfertigen. Die Gedanken kreisen um die Möglichkeiten, ein Unterrichtsvorhaben gedanklich zu entwickeln, auszugestalten und anzuordnen (Gagel 1983, 241 f.). Die Planungsgedanken sind viel weiter gespannt als die ausformulierten Schritte im schriftlichen Plan. Hier erscheint die Unterrichtssequenz als eine lineare Abfolge von Entscheidungen. Die Vielzahl der angestellten, verworfenen, geänderten und weiterentwickelten Planungsüberlegungen werden in einem Plan nicht mehr sichtbar, da niemals alle Möglichkeiten referiert und begründet werden können. In der Auseinandersetzung mit den Modulen erarbeiten sich die Planenden zuerst einmal gedanklich eine Vielzahl von Möglichkeiten, aus denen sich Unterrichtssequenzen zur „Rentenreform“ konstruieren lassen. Es entsteht so ein Möglichkeitshorizont für die zu treffenden Entscheidungen. Im weiteren Prozess der Planung wählt die Lehrerin bzw. der Lehrer aus und reduziert die Vielzahl der Möglichkeiten so lange, bis am Schluss nur noch eine übrig bleibt. Diese wird dann als das Ergebnis der Planungsüberlegungen im schriftlichen Plan in einer bestimmten, vorher vereinbarten Abfolge dargestellt.

Wir können aus Gründen der Darstellbarkeit nicht alle denkbaren Überlegungen und Anordnungen vorstellen und diskutieren. Das wären viel zu viele, da der fachdidaktischen Phantasie kaum Grenzen gesetzt sind. Ohnehin sind die suchenden Planungsüberlegungen schriftlich nur begrenzt beschreibbar; die zirkulären Denkbewegungen verschließen sich einer logischen Beschreibung. Ebenso wenig ist es realisierbar, die Implikationszusammenhänge aller Module abzuarbeiten. Punktuelle Verweise müssen hier genügen. Leider ist es auch nicht möglich, alle Unterrichtsmedien, die bei der Planung zur Verfügung standen, heranzuziehen und gedanklich in den Planungsprozess einzubauen. Wir müssen uns bei den Planungsüberlegungen auf die Medien der später im Plan vorzustellenden Unterrichtseinheit beschränken. Die spätere Unterrichtseinheit ist demnach schon zu Beginn in Ansätzen gedanklich vorweggenommen, was im alltäglichen Planungsprozess so noch nicht der Fall ist.

Die folgenden Planungsüberlegungen zum Gegenstandbereich Rentenreform beziehen sich auf eine innenpolitische *Kontroverse im August 2000.* Zu diesem Zeitpunkt wurde in der Tagespolitik intensiv über die Rentenreform diskutiert. Inzwischen ist bereits im Gesetzgebungsverfahren darüber entschieden und der Politikzyklus vorläufig abgeschlossen worden. Wir bleiben indessen in unserem Beispiel bei der Situation im August 2000. Im alltäglichen Politikunterricht gibt es gleichfalls ständig wechselnde Situationen, die eine Aktualisierung der Gegenstände erfordern. Nur die Politiklehrerin bzw. der Politiklehrer kann im Unterricht auf Aktualität bezogen planen. Buchautoren ist diese Möglichkeit versagt; sie kommen mit ihren Beispielen für die Leserinnen und Leser immer zu spät. Unsere Planungsüberlegungen haben exemplarischen Charakter und sind nicht zuletzt wegen ihrer längst vergangenen Aktualität im Unterricht keinesfalls eins zu eins abbildbar. Sie sind als Übungsbeispiel gedacht, das den Prozess transparent machen, klären und zur eigenen Umsetzung anregen soll. Dabei gehen wir von den im Teil I dargestellten fünf Modulen aus, die den gedanklichen Planungsprozess umfassen. Auftretende Widerholungen lassen sich bei der Konkretisierung nicht vermeiden, dienen der Klärung und erleichtern das Verständnis für den Planungsprozess.

6. Überlegungen zum Gegenstandsbereich

Beabsichtigt eine Lehrerin bzw. ein Lehrer im August 2000, eine Unterrichtseinheit zum Themenbereich „Renten/Sozialpolitik" für eine Klasse 10/Gymnasium zu planen, so muss sie/er sich zunächst kundig machen. Mit Hilfe überregionaler Tageszeitungen fällt es ihr/ihm nicht schwer, sich nicht nur in die Auseinandersetzungen, sondern auch in die Rentenproblematik allgemein einzuarbeiten. Die Arbeitsbegriffe „Dimensionen des Politischen" und „Politikzyklus" können dabei eine Hilfe sein. Der Vertiefung dienen Aufsätze aus der Beilage der Wochenzeitung „Das Parlament" (B35-36/2000) vom 25. August 2000, die in fast allen Schulen ausliegt und daher den Politiklehrerinnen und -lehrern leicht zugänglich ist. Es bleibt nicht aus, dass bereits im Stadium der Einarbeitung in den Gegenstandsbereich erste Inhalts- und Zielüberlegungen von den vorhandenen Medien aus angestellt werden (Denken im Implikationszusammenhang).

6.1 Eindenken in den Gegenstandsbereich

Handlungsrahmen (Dimension Form des Politischen)
Nach Art. 20 Abs. 1 Grundgesetz ist die Bundesrepublik Deutschland ein Sozialstaat („Die Bundesrepublik Deutschland ist ein demokratischer und sozialer Bundesstaat."). Das Sozialstaatsprinzip (ausführlich hierzu: Politische Bildung 4/1996 „Sozialstaatsprinzip und Demokratie") verpflichtet den Staat zum sozialen Handeln. Den Kern des Sozialstaates bilden die sozialen Sicherungssysteme gegen die Lebensrisiken Alter, Krankheit, Unfall, Arbeitslosigkeit und Pflegebedürftigkeit.

Das Rentensystem wurde 1957 grundlegend reformiert (Schieren 1998, 25-28). Seit diesem Jahr bildet den Kern des Rentensystems ein Solidarvertrag zwischen zwei Generationen, auch Generationenvertrag genannt. Die Rentenversicherung beruht seitdem auf einem *Umlageverfahren.* Die laufenden Einnahmen aus den Beiträgen der Arbeitgeber und Arbeitnehmer werden zur Finanzierung der laufenden Ausgaben für die Rentnerinnen und Rentner verwendet. Diejenige Generation, die arbeitet und dafür Lohn erhält, bezahlt aus ihrem laufenden Einkommen die Renten für die Generation, die sich bereits im Ruhestand befindet (Schmähl 2000, 9). Dadurch erwirbt sie den Anspruch, nach Eintritt in das Rentenalter von der nachfolgenden Generation ebenfalls die Rente zu erhalten. Das System ermöglicht es, die Renten dem Wachstum der Wirtschaft anzupassen. Ein wirtschaftlicher Aufschwung wirkt sich demnach auch für die Rentenempfänger günstig aus. Dies war bei dem früheren *kapitalgedeckten Verfahren* nicht der Fall. Hier bekam man nur das ausbezahlt, was man im Laufe seines Arbeitslebens auch einbezahlt („geklebt") hatte.

Das Problem und dessen Ursachen (Dimension Inhalt des Politischen)
Für den überwiegenden Teil der Bevölkerung in Deutschland bilden die Renten aus der gesetzlichen Rentenversicherung im Alter die wichtigste Einkunftsquelle (Schmähl 2000, 9). Darüber hinaus gibt es noch die *betriebliche Zusatzversorgung*, in die einige, meist größere Unternehmen, oft im Rahmen einer Tarifvereinbarung einzahlen. Ihr Anteil an den Altersruhegeldern ist allerdings gering.

Das Umlageverfahren der gesetzlichen Rentenversicherung (Material 2b) ist von der Entwicklung auf dem Arbeitsmarkt abhängig. Die Renten sind lohnbezogen. Die Entwicklung der Löhne und die Zahl der Beschäftigten sind für die Funktionsfähigkeit des Rentensystems von zentraler Bedeutung. Die jahrzehntelange Arbeitslosigkeit bedeutet daher für die Rentenversicherung eine große Belastung. Das Umlageverfahren beruht ferner auf der Voraussetzung, dass die Generationen zahlenmäßig in einem ausgewogenen Verhältnis zueinander stehen. Nur so ist gewährleistet, dass die Beitragszahler nicht überlastet werden (vgl. die Familie Pietsch, Mat. 3a) und die Rentenempfänger angemessene, d.h. deutlich über dem Sozialhilfeniveau liegende Beiträge ausgezahlt bekommen. In wenigen Jahren wird diese Ausgewogenheit nicht mehr erreicht werden können. Entweder müssen die Zahlungen der Lohnempfänger und Arbeitgeber auf eine schwer erträgliche Höhe geschraubt oder die Renten abgesenkt werden. Eine Strukturreform ist daher dringend notwendig geworden. Mit kurzfristigen Maßnahmen lässt sich eine Rentenkrise nicht mehr abwenden.

In allen Industriestaaten ist innerhalb nur einer Generation eine demographische Entwicklung eingetreten, die eine Krise der auf der Ausgewogenheit der Generationen aufgebauten sozialen Sicherungssysteme heraufbeschworen hat. Im westlichen Europa kam es in den letzten Jahrzehnten zu einer dramatischen Reduzierung des Kinderreichtums. Offenkundig legen es moderne Gesellschaften den Menschen nahe, die Zahl der Kinder einzuschränken oder gar auf Kinder gänzlich zu verzichten. Dadurch haben sich die Proportionen zwischen der nachwachsenden und der älteren Generation verschoben. Hinzu kommt, dass die Lebenserwartung steigt. Dadurch erhöht sich im Rentenbereich der Zeitumfang des Bezugs von Alterseinkommen. Steigt die Lebenserwartung, müssen mehr Versorgungsaufwendungen aufgebracht werden. Verschärft wird diese Situation durch die 1990 erfolgte Übertragung des Rentensystems auf die neuen Bundesländer.

Die demographischen Veränderungen gehen mit den gesellschaftlich-kulturellen einher. Hier spielt insbesondere die Veränderung von Familienstrukturen eine Rolle. Zunehmende nichteheliche und oft auch kinderlose Lebensgemeinschaften haben Auswirkungen auf die Rentenversicherung. Bei Scheidungen verfügt einer der Ehepartner (zumeist die Frau) nicht mehr über eine ausreichende Alterssicherung. Die materielle Versorgung und der emotionale Zuspruch im Alter unterliegen einem Wandel gesellschaftlichen Bewusstseins.

Lösungen
Die Notwendigkeit einer grundlegenden Strukturreform gilt allgemein als unbestritten. Ziel der Reform soll es sein, das Rentensystem funktionsfähig, die Beitragssätze unter 20 Prozent und das Rentenniveau über 64 Prozent des Nettoeinkommens zu halten. Viele Lösungen bzw. Lösungsvorschläge sind im Gespräch.

Im Rahmen des Unterrichtsvorhabens sollen lediglich zwei näher untersucht werden. Die steigende Lebenserwartung legt es nahe, die zusätzliche Lebenszeit nicht ausschließlich zur Verlängerung des Rentenalters, sondern auch zur Verlängerung der Erwerbsphase zu nutzen. Gegenwärtig beträgt das durchschnittliche Rentenzugangsalter weniger als 60 Jahre (Schmähl 2000, 21). Eine schrittweise Anhebung dieses Zugangsalters zunächst auf 65, dann auf 67 Jahre könnte die Rentenversicherung finanziell spürbar entlasten (Stihl-Vorschlag, Mat. 4a). Des weiteren soll auf den Riester-Plan eingegangen werden.

Auseinandersetzungen (Dimension Prozess des Politischen)
Eine Strukturreform wird dadurch erschwert, dass eine Reduzierung der Rentenleistungen erfahrungsgemäß auf starken Widerstand bei den Rentenempfängern stößt. Aus Sorge, bei den nächsten Wahlen von den Rentnerinnen und Rentnern abgestraft zu werden, besteht bei jeder Regierung die Versuchung, gar nichts zu machen oder die Strukturreform zu Lasten der jüngeren Generation durchzuführen. Die Aufgabe der Regierung besteht darin, eine Lösung zu finden und sie beiden Generationen so zu vermitteln, dass jede die Notwendigkeit der – harten – Entscheidungen einsieht und niemand sich übervorteilt fühlt. Die Regierung ist also darauf angewiesen, dass sich die Bundesbürgerinnen und -bürger mit dem Rentenproblem beschäftigen und Lösungsvorschläge sachkundig beurteilen.

Kriterien zur Beurteilung einer Lösung
Bei der Beurteilung des Rentenproblems stellt sich die Frage nach der Ausgewogenheit. Eine Lösung muss so ausfallen, dass sie für beide Generationen, sowohl für die Beitragszahler (und auch für die Jugend, die noch vor dem Eintritt ins Erwerbsleben steht) als auch für die ältere, sich schon in Rente befindliche Generation gleichermaßen annehmbar, erträglich und daher gerecht erscheint. Bislang hat der Generationenvertrag, der dem Rentensystem zugrunde liegt, einen Verteilungskonflikt zwischen den Generationen vermieden. Heute kommt es jedoch zu Finanzierungsproblemen. Eine Strukturreform, wie immer sie auch ausfällt, wird nicht darum herumkommen, Streichungen der Leistungen und Erhöhung der Eigenleistung vorzunehmen. Nach dem Urteilskriterium „Soziale Gerechtigkeit" soll die Reform aber ausgewogen, d. h. für beide Generationen fair gestaltet werden. Daneben werden Jugendliche, Beitragszahler und Rentner Reformvorschläge darauf hin untersuchen, ob sie ihrem „Eigeninteresse" entsprechen oder nicht. Es fällt schwer, in einem Urteil beiden Urteilskriterien gerecht zu werden und so das Spannungsverhältnis zwischen den Kriterien aufzuheben.

6.2 Eindenken in die aktuellen politischen Vorgänge

Die innenpolitische Situation im August 2000 ist durch die Auseinandersetzungen um die Reform der Rentenversicherung geprägt. Über die Notwendigkeit einer Reform herrscht weitgehend Einigkeit; für alle verantwortungsbewussten Politikerinnen und Politiker ist das Rentensystem zum Problem geworden (Politikzyklus, Phase 1). Über die unterschiedlichen Lösungsvorschläge dagegen wird heftig gestritten (Phase 2). Eine Entscheidung im Parlament ist noch nicht gefallen (Phase 3). Im August 2000 kann „Rentenpolitik" von allen Bürgerinnen und Bürgern als ein dynamischer Prozess erlebt und verstanden werden, dessen Ergebnis durchaus offen ist.

Dies bedeutet für den Unterricht, dass aus dem Politikzyklus lediglich die beiden ersten Phasen „Problem" und „Auseinandersetzung" behandelt werden können. In der Öffentlichkeit stehen die Kontroversen um den richtigen Weg im Vordergrund. Die Zeitungen und das Fernsehen berichten immer wieder über neue Vorschläge. Parteien und Interessengruppen bieten Lösungen an, die es abzuwägen und aus denen es auszuwählen gilt. Auch die Bundesregierung bereitet einen Lösungsvorschlag vor.

Eine ausschließliche Behandlung des geltenden Rentenversicherungssystems (Handlungsrahmen) und der damit verbundenen Probleme (Politikzyklus, Phase 1) verschenkt die Möglichkeiten, die *aktuelle* politische Auseinandersetzungen um Lösungsvorschläge eröffnen, um das Interesse der Schülerinnen und Schüler zu wecken. Andererseits erscheint eine Beschäftigung mit den Konflikten ohne Verständnis der Probleme wenig sinnvoll. Es bietet sich daher an, Probleme und die Auseinandersetzungen um Problemlösungsvorschläge (Politikzyklus, Phasen 1 und 2) einschließlich der Bezüge zum politischen Handlungsrahmen im Unterricht zu thematisieren.

Ausgangspunkt und Kristallisationskern der Kontroversen sind die Überlegungen des Bundesarbeitsministers (Mat. 5). Der *Generationenvertrag* muss neu austariert werden. Das ist eine schwierige Aufgabe. Die Beiträge für die Rentenversicherung lassen sich nicht unbegrenzt erhöhen; Arbeitsminister Riester sieht die Obergrenze bei 22 Prozent. Überschreitet man diese Grenzen, so besteht für ihn die Gefahr, dass die Bereitschaft, in das Rentenversicherungssystem einzuzahlen, nachlässt. Andererseits kann auch nicht das Rentenniveau uferlos abgesenkt werden. Hier wird die Grenze bei 64 Prozent des Nettoeinkommens gesehen. Wird das Rentenniveau zu stark abgesenkt, dann wird dies zu Protesten der Rentner führen, die keine Regierung bei Wahlen unbeschadet überstehen wird.

Der Riester-Plan sieht vor, das Umlageverfahren des Rentensystems durch eine kapitalfundierte Sicherung zu ergänzen. In Zukunft sollen die Beitragszahler steuerbegünstigt bis zu fünf Prozent ihres Nettoeinkommens in einen Fonds (oder in Versicherungen etc.) einzahlen; das Geld, das sich so ansammelt, steht nur demjenigen zur Verfügung, der es selbst aufgebracht hat. Damit wird die Alterssicherung auf *drei Säulen* gestellt: auf die

Rente, die auf dem Umlageverfahren basiert, auf die betriebliche Rente und auf die kapitalfundierte Alterssicherung.

Dieser Plan fordert von der Generation, die gegenwärtig im Erwerbsleben steht, große Anstrengungen für die Alterssicherung. Dafür haben die jetzt in einem Arbeitsverhältnis stehenden Menschen die Gewähr, mit steuerlich geförderten Aufwendungen etwas für die eigene Altersvorsorge tun zu können. Die kapitalfundierte Zusatzvorsorge birgt allerdings die Gefahr, dass sie zum Hebel zu einer u.U. drastischen Reduzierung der Leistungen in der Rentenversicherung genutzt wird (Schmähl 2000, 17) und die von dem sächsischen Ministerpräsidenten Biedenkopf (CDU) favorisierte Grundrente vielleicht doch eingeführt wird.

Die von Arbeitsminister Riester (SPD) entwickelten *Pläne zur Rentenreform* lösten sofort ein lebhaftes Echo aus. Auch innerhalb der SPD als der großen Regierungspartei und innerhalb der Bundesregierung gab es heftige Auseinandersetzungen um die Pläne von Arbeitsminister Riester. Insbesondere die Gewerkschaften erhoben Einwände. Auch wenn für die Bundesregierung Möglichkeiten bestehen, eine Rentenreform ohne Unterstützung der Union durchzubringen, ist sie an einer Übereinstimmung mit der großen Oppositionspartei interessiert. Es liegt in der Tradition der Bundesrepublik Deutschland, Rentenfragen im Konsens der beiden großen Volksparteien zu lösen. Ein Konsens ist aber Ende August 2000 nicht in Aussicht.

Rentenfragen sind *machtpolitisch* gesehen von großer Bedeutung. Mit der Rentenpolitik können Wahlen entschieden werden. In den Auseinandersetzungen sind auch die Wählerinnen und Wähler als politische Akteure präsent. Wer es sich mit den Rentnerinnen und Rentnern verdirbt, der hat seine Chancen in einer Bundestagswahl stark gemindert. Andererseits kann es sich keine Partei erlauben, die Erwachsenen, die im Erwerbsleben stehen, und die Jugendlichen als die zukünftigen Beitragszahler gegen sich aufzubringen. Für jede Regierung lag bislang der bequemste Weg darin, das Problem vor sich her zu schieben und gar nicht anzugehen. Im Jahr 2000 verbietet aber die Dramatik der Lage, eine Lösung der Rentenfrage auch weiterhin zu vertagen. Jetzt muss etwas geschehen; wenn heute die Lösung hinausgeschoben wird, dann werden die Reformmaßnahmen für die betroffenen Bürgerinnen und Bürger immer schmerzhafter ausfallen. Und betroffen sind alle, die Beitragszahler ebenso wie die Rentnerinnen und Rentner und die Heranwachsenden (Kategorien: Akteure, Macht, Interesse).

Am 22. August 2000 machte der Präsident des Arbeitgeberverbandes Stihl in einem Interview mit der Bild-Zeitung den Vorschlag, zur Sicherung der Rentenkasse das Renteneintrittsalter auf 67 Jahre anzuheben (Mat. 4 a). Diese Forderung löste einen kurzen, aber heftigen Streit aus. Die Erhöhung des Renteneintrittsalters auf 67 Jahre erscheint auf den ersten Blick als eine Zumutung, insbesondere wenn man bedenkt, dass das Durchschnittsrenteneintrittsalter gegenwärtig unter 60 Jahren liegt. Bedenkt man aber die

Erhöhung der Lebenszeit, so erscheint dieser Vorschlag für die Jugendlichen, die noch nicht im Erwerbsleben stehen, ebenso annehmbar wie für die im Erwerbsleben stehende Generation. Wird diese Maßnahme mit einer vertretbaren Absenkung des Rentenniveaus verbunden, muss sich also auch die Rentnergeneration Abstriche gefallen lassen, dann erscheint eine solche Reform durchaus ausgewogen. Ob es der Regierung allerdings gelingt, eine derartige Lösung den verschiedenen Generationen als annehmbar zu vermitteln, darf angesichts der Reaktion auf den Vorschlag des Arbeitgeber-Präsidenten bezweifelt werden. Dass der Vorschlag ausgerechnet von Stihl kommt, erscheint angesichts der gegenwärtigen, gerade von den Arbeitgebern geförderten Frühverrentungspraxis merk- und fragwürdig; dies sollte zumindest am Rande erwähnt werden. Nicht zuletzt deshalb lehnen auch die Gewerkschaften die Vorschläge des Arbeitgeber-Präsidenten ab (Mat. 4 b).

Um diesen politischen *Konflikt* zum Ausgangspunkt für Planungsüberlegungen nehmen zu können, ist es nötig, die Grundzüge des bundesdeutschen Rentensystems (Handlungsrahmen) und das *Ausmaß* und die *Ursachen* des gegenwärtigen Rentenproblems (Phase 1 des Politikzyklus) zu untersuchen. Für das Verständnis der politischen Auseinandersetzung sind Argumente von *Akteuren* zu dem Stihl-Vorschlag oder zu dem Plan des Arbeitsministers Riester und die dahinterstehenden unterschiedlichen *Interessen* (Analysekategorien) wichtig. Anschließend können die Vorschläge beurteilt werden.

Von der Sache her bietet es sich an, sowohl auf den Riester-Plan als auch auf den Stihl-Vorschlag einzugehen. In den Wochen, in denen der Unterricht abgehalten wird, steht der Stihl-Vorschlag der Aktualität wegen im Vordergrund. Von größerer Bedeutung für die Zukunft wird der Riester-Plan sein. Fokussiert man bei der Urteilsbildung die Kontroversen – wie im späteren Plan – auf die unterschiedlichen Interessenlagen der Rentner, der Beitragszahler und der Jugendlichen, dann werden eine Vielzahl von *Akteuren* (z.B. Bundesregierung – Arbeitsminister, Vertreter von Gewerkschaften und Arbeitgeberverbänden) und deren unterschiedliche Meinungen nicht berücksichtigt. Stellvertretend für sie werden bei der Analyse der Sozialverband VDK, die IG-Metall und die FDP angesprochen (Mat. 4 b). Die Urteilsbildung dagegen konzentriert sich auf die beiden Vorschläge zur Rentenreform; die Jugendlichen sollen sie aus der unterschiedlichen Sicht der Generationen sehen und mit Hilfe ausgewählter Kriterien beurteilen. Diese Eingrenzung erscheint vertretbar. Bei der Urteilsbildung können nicht alle Akteure und deren Positionen berücksichtigt werden. Dies hängt nicht nur mit dem Alter und der Aufnahmefähigkeit der Schülerinnen und Schüler zusammen, sondern auch mit der zur Verfügung stehenden Zeit. Umso wichtiger wird die Auswahl der Inhalte für die Analyse und die Urteilsbildung. Im Plan werden ein politisches Problem und dessen Bezug zur Lebenswelt der Jugendlichen, zwei Vorschläge zur Problemlösung, eine begrenzte Anzahl von Akteuren und Interessen mit dem Handlungsrahmen verbunden. Auf der Grundlage der vorhandenen Medien und mit dem gewählten Lernweg erscheint der Plan im Unterricht durchführbar.

7. Die Entwicklung von politikdidaktischen Perspektiven

Der Lehrende hat Zeitungsberichte und -kommentare zu dem Stihl-Vorschlag und zu dem „Riester-Plan" gesammelt und gelesen. Über die unterschiedlichen Stellungnahmen und die politischen Auseinandersetzungen hat er sich seine Gedanken gemacht. Darüber hinaus hat er sich mit dem Rentensystem und der Rentenproblematik beschäftigt. Nun macht er sich daran, politikdidaktische Perspektiven (bzw. vorläufige Themen) zu bilden, d.h. mögliche Inhalte mit möglichen Zielen zusammenzudenken. Im Folgenden werden einzelne Ergebnisse dieser Suchbewegung aufgeführt; es besteht kein Zweifel, dass sich noch weitere politikdidaktische Perspektiven bilden lassen. Den ersten Vorschlag werden wir später weiterverfolgen; zunächst wollen wir aber versuchen die Alternativen zu verdeutlichen.

7.1 Grundintention Politisches Lernen

Vorschlag 1
Zwei Lösungsvorschläge für das Rentenproblem

In der Unterrichtseinheit lernen die Schülerinnen und Schüler das Ausmaß des Rentenproblems und als eine Ursache dafür den Altersaufbau in der Bundesrepublik Deutschland kennen. Sie untersuchen den Problemlösungsvorschlag von Arbeitgeber-Präsident Stihl („Arbeit bis 67") und den Plan des Bundesarbeitsministers Riester („Riester-Plan"). Ausgehend von der Wichtigkeit einer durchgreifenden Reform für ihr zukünftiges Leben klären die Lernenden die unterschiedlichen Interessen von Rentnern, Beitragszahlern und Jugendlichen. Sie denken über ihre eigene Interessenlage nach und beziehen Position in dieser Auseinandersetzung.

Die Unterrichtseinheit soll die Schülerinnen und Schüler dazu befähigen, die politischen Auseinandersetzungen um die Lösung des Rentenproblems sachkundig und engagiert zu verfolgen (Analysekategorien: Akteure, Interessen). Darüber hinaus lernen sie ihre eigene Interessenlage und Ausgewogenheit/(soziale) Gerechtigkeit als Kriterien zur Beurteilung von politischen Vorschlägen und Entscheidungen kennen.

Thema der Unterrichtseinheit:
Werden wir Jugendlichen bei der Rentenreform über den Tisch gezogen?
Die Beurteilung von Vorschlägen zur Lösung des Rentenproblems

Vorschlag 2
Die Auseinandersetzungen zwischen Bundesregierung und Opposition über die Rentenreform

Bundeskanzler Schröder hat die Länderregierungen in Ostdeutschland darauf aufmerksam gemacht, dass die Unterstützung für die neuen Bundesländer durch den „Bund" von dem Verhalten der Länderregierungen in der Rentenfrage abhängt. Ausgehend von Vorschlägen zur Lösung des Rentenproblems lernen die Unterrichtsteilnehmer Möglichkeiten der Bundesregierung kennen, für Reformvorhaben die notwendige Mehrheit in Bundestag und Bundesrat zusammenzubekommen (Beispiel Steuerreform). Sie sollen den politischen Prozess der Mehrheitsfindung besser verstehen lernen und dadurch Grundmuster politischen Handelns wie den Umgang mit Macht kennen lernen. Nach der Analyse nehmen die Jugendlichen Stellung zu dem Vorgehen des Kanzlers bei der Mehrheitsbildung. Den Abschluss kann eine Diskussion in der Klasse über Politik und die dabei angewandten Methoden bilden.

Thema der Unterrichtseinheit:
Ist Politik auf die Sache (Rentenreform) oder nur auf Macht ausgerichtet?
Regierung und Opposition in der parlamentarischen Demokratie

Vorschlag 3
Die Auseinandersetzung zwischen Bundesregierung, Parteien und Verbänden um die Rentenreform

Die Schülerinnen und Schüler stellen fest, welche Parteien und Organisationen sich zur Rentenreform äußern. Verblüffend ist, dass Ende August/Anfang September 2000 die Sprecher der Arbeitgeberverbände positiv zu den Vorschlägen der Bundesregierung Stellung nehmen, die Vertreter der Gewerkschaften aber Kritik üben. In dieser Auseinandersetzung stehen also die Bundesregierung und die Arbeitgeberverbände der Union und den Gewerkschaften gegenüber. Die Jugendlichen werden aufgefordert die Auseinandersetzung zu analysieren und zu beurteilen.

An diesem Beispiel können die Schüler lernen, zur Analyse eines politischen Konflikts nach den daran beteiligten Akteuren und deren Interessen zu fragen. Danach sieht sich der Jugendliche als zukünftiger Staatsbürger aufgefordert, seine eigene Interessenlage zu klären und „nach Mitteln und Wegen zu suchen, die vorgefundene politische Lage im Sinne seiner Interessen zu beeinflussen" (Dritter Konsenssatz von Beutelsbach).

Thema der Unterrichtseinheit:
Machen die da oben mit unserer Altersversorgung, was sie wollen?
Die Interessen der Akteure in der Rentenreform

Vorschlag 4
Die Politik der Union im Streit um die Rentenreform

In der Geschichte der Bundesrepublik wurden bislang Rentenprobleme einvernehmlich zwischen Regierung und Opposition gelöst. In der Unterrichtseinheit sollen die Schülerinnen und Schüler Einblick in die schwierige Lage gewinnen, in der sich die großen Oppositionsparteien CDU und CSU bei der Auseinandersetzung um die Rentenreform befinden. Versucht die Union, Reformversuche zu blockieren, so kann es ihr wie bei der Steuerreform passieren, dass Bundeskanzler Schröder und die Bundesregierung an ihr vorbei sowohl im Bundestag als auch im Bundesrat eine Mehrheit für das Gesetzesvorhaben gewinnen. Gelingt dies, dann steht die Union in der Öffentlichkeit als Verlierer da. Stimmt sie dagegen den Vorschlägen der Bundesregierung zu, so wird dies als Erfolg des Kanzlers gewertet. Erfolge der Regierung sind aber im politischen Machtkampf mit Misserfolgen der Opposition gleichzusetzen.

Ausgehend von den Schwierigkeiten der Union beschäftigen sich die Schülerinnen und Schüler mit den Aufgaben, Möglichkeiten und Grenzen der Opposition in einer parlamentarischen Demokratie. Dabei wird ihnen deutlich, dass es in der Politik um die Lösung von Problemen und zugleich aber immer auch um den Kampf um Macht und Mehrheiten geht. Sie sollen realistische Vorstellungen von Politik kennen lernen und realistische Erwartungen an den demokratischen Prozess stellen.

Thema der Unterrichtseinheit:
Schmusekurs oder Blockadepolitik – welchen Weg sollen CDU und CSU bei der Rentenreform einschlagen?
Die Rolle der Opposition in der parlamentarischen Demokratie

Vorschlag 5
Analyse und Beurteilung des Problemlösungsvorschlages: Altersvorsorge durch Grundsicherung

Der Ministerpräsident von Sachsen Kurt Biedenkopf (CDU) setzt sich seit langem für eine grundlegende Rentenreform ein. Er möchte eine Grundsicherung einführen, die in gleichem Umfang jeder Bürgerin und jedem Bürger im Alter zusteht. Die Summe ist niedrig, doch steht es jedermann frei, über diese Grundsicherung hinaus zusätzlich für sein Alter selbst zu sorgen. Dieser Vorschlag fordert das Urteil der Jugendlichen heraus. Dabei sollten sie auch die Interessen von Biedenkopf als einem herausragenden Oppositionspolitiker und dessen besonderer Stellung innerhalb der CDU berücksichtigen.

Thema der Unterrichtseinheit:
Ob arm, ob reich, im Alter sind wir alle gleich! ??
Altersvorsorge durch Grundsicherung

Vorschlag 6
Die sozialen Sicherungssysteme in der Bundesrepublik

Die Schülerinnen und Schüler beschäftigen sich mit den sozialen Sicherungssystemen in der Bundesrepublik Deutschland. Ausgehend von dem Sozialstaatsprinzip (Art. 20 Abs. 1 Grundgesetz) lernen die Schülerinnen und Schüler die sozialen Sicherungssysteme und insbesondere das Rentensystem kennen. Dessen Grundgedanke liegt darin, dass die arbeitenden Menschen für ihre aus dem Erwerbsleben aus Altersgründen ausgeschiedenen Mitmenschen aufkommen. Dies setzt allerdings voraus, dass zahlenmäßig das Verhältnis zwischen Alten und Jungen ausgeglichen ist und die Jüngeren für die Rentner Leistungen erbringen können, ohne dabei überfordert zu werden.

Die Schülerinnen und Schüler sollen zunächst das Rentenproblem kennen lernen. Der Bevölkerungsaufbau hat sich in den letzten Jahrzehnten dramatisch in Richtung von Altersüberschuss verschoben. Die zunehmende Lebensdauer der Menschen, der Geburtenrückgang, aber auch die Frühverrentung (Renteneintrittsalter durchschnittlich bei 58 Jahren und darunter) bilden die wichtigsten Ursachen für eine Entwicklung, die den Ausgleich zwischen den Generationen in Frage stellt.

Thema der Unterrichtseinheit:
Rente – die bezahlt „der Staat"! Und wer bezahlt „den Staat"?
Aufgaben und Probleme des Rentensystems

Vorschlag 7
Die Sicherung der Renten

Die Schülerinnen und Schüler lernen das Ausmaß des Rentenproblems und Lösungsvorschläge kennen. Anschließend analysieren sie die Auseinandersetzungen um die Durchsetzung eines Reformvorschlags. Dies führt sie zu der Frage, ob der Staat heute noch in zentralen Aufgabenbereichen zu grundlegenden Reformen fähig ist oder nicht. Fokussieren die Lernenden die Untersuchung der bevorstehenden Konflikte um die Rentenreform auf diese Fragestellung, dann führt sie ihre Analyse allmählich zu der Beschäftigung mit den Aufgaben und der Rolle des Staates sowie zum Nachdenken über ihre Verantwortung als zukünftige Staatsbürger. Welche Aufgaben soll der Staat und welche sollen die Bürgerinnen und Bürger übernehmen? Wie viel Staat braucht eine Demokratie?

Thema der Unterrichtseinheit:
Was erwarte ich vom Staat? Was traut der Staat mir zu?
Bürger und Staat in einer Demokratie am Beispiel des Rentenproblems

Vorschlag 8
Die Auswirkungen der Reformvorschläge

Ausgehend von der Forderung „Erst mit 67 in die Rente" gehen die Schülerinnen und Schüler der Frage nach, welche Folgen die Verwirklichung unterschiedlicher Reformvorschläge nach sich zieht. Der Städtetag prognostiziert, dass die Umstellung des Rentensystems auf eine Grundsicherung ebenso wie die Rentenpläne der Regierung zur Altersarmut führen werden. Andererseits ist es vorhersehbar, dass ein Aufschieben der Rentenreform zum Zusammenbruch des Rentensystems oder aber zu einem Anwachsen der Sozialabgaben in eine für die Beitragszahler unerträgliche Höhe führen wird.

An diesem Beispiel sollen die Schülerinnen und Schüler die Frage nach den vorhersehbaren Folgen einer Entscheidung als einen wichtigen Schritt bei der Analyse und Beurteilung von politischen Zusammenhängen kennen lernen.

Thema der Unterrichtseinheit:
Was es auch sei, handle klug und bedenke die Folgen!
Folgen der Rentenpläne

Vorschlag 9
Familien- und Einwanderungspolitik als Auswege aus dem Rentenproblem

Die Schülerinnen und Schüler beschäftigen sich mit der demographischen Entwicklung in der Bundesrepublik. Dabei erkennen sie, dass das Zurückgehen der Kinderzahlen eine Ursache für das Entstehen des Rentenproblems bildet. Zwei Lösungswege bieten sich an. (1) Eine neue Familienpolitik bewirkt eine Erhöhung der Kinderzahlen. (2) Die Zuwanderung von Ausländern verhindert die Vergreisung der Gesellschaft.

Sind diese Vorschläge realisierbar? Führen sie zu den gewünschten Veränderungen? Welche Folgen sind vorhersehbar? Den Schülerinnen und Schülern wird bewusst, dass beide Lösungswege sie persönlich nicht erst im Alter und damit in einer fernen Zukunft etwas angehen, sondern ihr jetziges und zukünftiges Leben beeinflussen, ja sogar nachhaltig verändern können. Dies kann die Jugendlichen zum Nachdenken über das Einwirken von „Politik" auf ihre persönlichen Lebensverhältnisse und über die Notwendigkeit von Information über und die Beteiligung an „Politik" führen.

Thema der Unterrichtseinheit:
(Renten)Politik – was geht das mich an?
Bevölkerungsentwicklung und Rentenpolitik

7.2 Grundintention Soziales Lernen

Vorschlag 1

Wie in der Vergangenheit so erwarten auch heute noch viele Erwachsene im Alter, wenn sie auf Hilfe angewiesen sind, von ihren Kindern versorgt zu werden. Für sie stellen ihre Kinder die wichtigste Altersvorsorge dar. Können Eltern einen Anspruch auf eine derartige Hilfe erheben?

Meist sind es die Töchter, die ihren Vater oder ihre Mutter pflegen. Ist es richtig, dass hauptsächlich Frauen mit solchen Aufgaben konfrontiert werden, die Männer aber damit in Ruhe gelassen werden (vgl. Mat. 1b)?

Wie sollen sich Erwachsene, die selbst keine Kinder haben, gegenüber ihren Eltern verhalten? Wie sieht da die „Generationengerechtigkeit" aus?

Die Unterrichtseinheit soll den Jugendlichen diese Fragen stellen, auf die sie jetzt nur eine vorläufige Antwort geben können, mit denen sie aber später in ihrem Leben aller Wahrscheinlichkeit nach konfrontiert werden. Sie setzen sich auch mit der Sichtweise der Eltern auseinander.

Thema der Unterrichtseinheit:
„Mein Kind – mein Stolz – meine Altersversorgung!"
Sind Kinder für ihre alten Eltern verantwortlich?

Vorschlag 2

Eine Rentenreform droht einen neuen gesellschaftlichen Konflikt heraufzubeschwören: den Generationenkonflikt. Ausgehend von Berichten (vgl. Mat. 1a), in denen ältere Menschen das rücksichtslose Verhalten von Jugendlichen und Erwachsenen ihnen gegenüber beklagen, sollen die Schülerinnen und Schüler über die Lage der Rentner nachdenken. Sie werden aufgefordert, die Versorgung hilfebedürftiger alter Menschen in Familie und Nachbarschaft zu erkunden. Die unterschiedlichen Berichte fordern sie zum Nachdenken über eine mögliche Handlungsorientierung heraus.

Zur Ergänzung kann auch ein ehemaliger Schüler eingeladen werden, der seinen Zivildienst in einem Pflegeheim ableistet. Er wird seine Zuhörer darauf aufmerksam machen, dass jeder Heranwachsende, der regelmäßig Alters- und Pflegeheime besucht, viel Gutes bewirkt.

Thema der Unterrichtseinheit:
Was gehen mich „die Alten" an? Wer kümmert sich um hilfsbedürftige alte Menschen?
Freiwillige Jugendarbeit in unserer Gesellschaft

7.3 Grundintention Lebenshilfe

Im Unterricht denken die Jugendlichen darüber nach, wie sie später einmal selbst für ihr Alter vorsorgen können. Die wichtigsten Vorsorgemaßnahmen bilden eine gute Ausbildung und Leistungsbereitschaft im Beruf. Bezahlte Arbeit ermöglicht erst eine Vorsorge für das Alter. Versicherungen und der Erwerb eines Eigenheimes sind Möglichkeiten, die zumindest einige Jugendliche von ihrer Familie her kennen. An Beispielen kann im Unterricht verdeutlicht werden, wie regelmäßiges Sparen z.B. in Aktienfonds über ein Berufsleben hinweg selbst bei geringen monatlichen Beträgen im Alter zu beachtlichen Summen führen kann. Dabei soll den Schülerinnen und Schülern nicht verheimlicht werden, dass Arbeitslosigkeit dieses Vorhaben durchkreuzt. Im 20. Jahrhundert haben Wirtschaftskrisen, Inflation, Systemwechsel und Kriege dazu geführt, dass viele Deutsche ihre gesamten Ersparnisse verloren und viele Jahre lang umsonst gespart haben.

Thema der Unterrichtseinheit:
Wer in der Jugend spart, der hat im Alter ...??
Private Vorsorgemöglichkeiten für das Alter

7.4 Auswahl und Begründung einer politikdidaktischen Perspektive

Irgendwann im Planungsprozess wird der Lehrende sich für eine politikdidaktische Perspektive entscheiden und diese weiterverfolgen, gegebenenfalls auch noch einmal verwerfen, wieder von vorn anfangen und eine neue politikdidaktische Perspektive auswählen. Diesen Entscheidungsprozess können wir hier nicht abbilden. Für die vorliegende Unterrichtseinheit beschließt der Lehrende, im Unterricht mit seinen Schülerinnen und Schülern das Rentenproblem und zwei aktuelle Lösungsvorschläge (Vorschlag von Arbeitgeber-Präsident Stihl und den Riester-Plan) zu analysieren und zu beurteilen.

Thema:
Werden wir Jugendlichen bei der Rentenreform über den Tisch gezogen?
Die Beurteilung von Vorschlägen zur Lösung des Rentenproblems

Beim Nachdenken über die Auswahlentscheidung erscheint dem Lehrenden dieses Thema geeignet, um eine 10. Klasse am Beispiel der Altersversorgung und ihrer Problematik mit einigen Grundkenntnissen über den Sozialstaat und die Sozialpolitik bekannt zu machen und sie in der Analyse und Beurteilung von politischen Problemen, Problemlösungsvorschlägen und Auseinandersetzungen ein gutes Stück voranzubringen. Das Thema ist nicht nur für das Leben der einzelnen Jugendlichen, sondern auch für die Zukunft unserer demokratischen Staats- und Gesellschaftsordnung bedeutsam. Der Sozialstaat und insbesondere die sozialen Sicherungssysteme haben die Aufgabe, den Menschen ein Leben in Würde zu ermöglichen. Ihre Leistungsfähigkeit erfordert hohe Kosten. Sie funktionsfähig zu erhalten, stellt eine schwierige Aufgabe dar, von deren Bewältigung die Stabilität und Akzeptanz der Demokratie abhängen.

Da die Klasse sich noch nie mit diesem Inhalt beschäftigt hat und das Thema in dem *Bewusstseinshorizont* der Schülerinnen und Schüler kaum einen Platz hat, ist es notwendig, erst einmal Verständnis für diese Fragen aufzubauen. Deshalb werden nicht nur politische, sondern auch soziale Perspektiven (Mat. 1) in den Unterricht mit einbezogen. Die Fallbeispiele können Betroffenheit auslösen oder Neugier wecken, da sie in der Alltags- und Vorstellungswelt der Jugendlichen angesiedelt sind. In einem Beispiel erinnert sich ein Mann daran, dass er in seiner Jugend bei Bahnreisen immer seinen Platz älteren Mitfahrern frei machen musste. Nun, da er selbst alt geworden ist, muss er feststellen, dass niemand, am wenigsten die heutigen Jugendlichen, ihm seinen Platz anbietet. Darüber ist er empört und traurig; er fühlt sich schlecht behandelt und klagt über die Ungerechtigkeit bzw. über den Bruch des Generationenvertrages (Überschrift).

In einem Schritt der Abstraktion arbeiten die Schülerinnen und Schüler aus diesem Fall die Begriffe „Generationengerechtigkeit“ bzw. noch abstrakter „Soziale Gerechtigkeit“ heraus. Ihnen steht das „Eigeninteresse“ gegenüber, das die Jugendlichen dazu bringt, selbst die Sitzplätze zu besetzen. Die beiden Urteilskriterien „Soziale Gerechtigkeit“ und „Eigeninteresse“ sollen auch später bei der Beurteilung von Vorschlägen zur Lösung des Rentenproblems verwandt werden.

Nur wenigen Schülerinnen und Schülern wird bewusst sein, dass sie es bereits mit Eintritt in das Berufsleben unmittelbar mit der Rentenproblematik zu tun haben. Denn sie sind es, die mit ihrer Arbeit und mit ihren Löhnen bzw. Gehältern die Renten für die ältere Generation aufbringen werden. Im Unterricht muss daher deutlich werden, warum die Rentenreform notwendig ist und dass sie Konsequenzen für jeden Einzelnen nach sich zieht. Mit diesem persönlichen Bezug lässt sich ein gewisses Interesse für die Thematik aufbauen, insbesondere dann, wenn die Schülerinnen und Schüler erkennen, dass – vielleicht gerade jetzt im Frühherbst 2000 – für ihre Generation unausgewogene und daher sozial ungerechte Lösungen diskutiert werden.

Für die Auswahl der politikdidaktischen Perspektive ist die *Aktualität* der politischen Auseinandersetzung ausschlaggebend. Sie ist für die Motivation der Klasse in jedem Fall förderlich. Zudem erleichtert sie der Lehrerin bzw. dem Lehrer die Einarbeitung in den Themenbereich. Bei der täglichen Zeitungslektüre kann sie/er diese ebenso wichtige wie schwierige Planungsaufgabe zu einem großen Teil auf recht angenehme Weise bewältigen. Schließlich bringt es die Aktualität mit sich, dass die Lehrerin oder der Lehrer für ihr/sein Unterrichtsvorhaben in Zeitungen Material sammeln und so die Medienfrage leicht lösen kann. Deutlich wird hier der Implikationszusammenhang der Planungsentscheidung.

Hinweis:

Bei der Planung lassen wir uns von der Aktualität im September 2000 leiten, wohl wissend, dass dem Leser/der Leserin die weitere Entwicklung bekannt ist. Wir bitten den Leser oder die Leserin, sich wie die Autoren bei der Entwicklung des Unterrichtsvorhabens auf den Zeitpunkt des Septembers 2000 einzulassen.

8. Klärung der Unterrichtsbedingungen

Die erfahrene Lehrerin bzw. der erfahrene Lehrer hat bei allen Überlegungen und Entscheidungen ständig die Schülerinnen und Schüler ihrer/seiner Klasse vor Augen. Um in der Planung voranzukommen, muss die Lehrerin bzw. der Lehrer versuchen, die Unterrichtsbedingungen mit einer politikdidaktischen Perspektive, dann aber auch mit Methoden und Medien zusammen zu denken und näher zu klären.

8.1 Beschreibung der (fiktiven) Klasse 10

Das Gymnasium befindet sich am Stadtrand einer Kleinstadt von ca. 25 000 Einwohnern. Die Schülerinnen und Schüler kommen zumeist aus den Vorortsiedlungen, in denen gut verdienende Bürgerinnen und Bürger sich ein Eigenheim gebaut haben. Fast alle Jugendlichen sind im Wohlstand aufgewachsen, doch ist ihnen die Sorge um Arbeitslosigkeit und sozialen Abstieg auch von ihrer Familie her nicht unbekannt. Die Eltern von einigen Schülerinnen und Schülern sind geschieden oder neu verheiratet; die Mehrzahl lebt in vollständigen Kernfamilien. Alle Jugendliche mögen ihre Großeltern. Das Sozialverhalten in der Klasse ist gut. Nicht wenige Jugendliche zeichnet ein ausgeprägtes Gerechtigkeitsempfinden aus.

Der kategoriale Politikunterricht, den die Klasse bislang erfahren hat, war nicht umsonst. Bei der Beschäftigung mit politischen Sachverhalten haben die Jugendlichen erste Erfahrungen im Umgang mit Analysekategorien und Urteilskriterien gesammelt, doch sind sie von einer Sicherheit in deren Anwendung noch weit entfernt. Bei der Urteilsbildung fallen einige Schülerinnen und Schüler altersspezifisch durch eine rigorose moralische Sichtweise auf. Die beginnende Selbstständigkeit im Umgang mit „Politik" hat bewirkt, dass das durchaus vorhandene Desinteresse an Politik abnimmt und die Bereitschaft zur Mitarbeit im Unterricht wächst. Die Schülerinnen und Schüler können mit Denkaufgaben konfrontiert werden, die sie zur selbstständigen Auseinandersetzung provozieren und herausfordern. Fühlen sie sich mit ihren Analyse- und Urteilsergebnissen ernst genommen, dann beteiligen sie sich engagiert an Diskussionen und vertreten mit Nachdruck ihren Standpunkt.

Wenn nun der Eindruck entsteht, die beschriebene Klasse sei ungewöhnlich vorbildlich und in der Wirklichkeit so gar nicht vorstellbar, dann ist dies nicht richtig. Belässt es eine Politiklehrerin bzw. ein Politiklehrer nicht dabei, Kenntnisse zu vermitteln, sondern fördert sie/er das kategoriale und kriterienorientierte Denken, dann handelt die Mehrzahl der Klassen durchaus so. Insofern gilt diese Beschreibung für den Durchschnitt der von kompetenten und engagierten Lehrern unterrichteten Klassen. Schlechte Erfahrungen überwiegen oftmals im subjektiven Gesamteindruck. Ein Beispiel hierfür ist die häufig in Lehrerkreisen zu hörende Klage über das durch nichts zu erschütternde politische Desinteresse der Schülerinnen und Schüler. Empirische Untersuchungen, die politisches Interesse messen, bestätigen dies nicht. Jugendliche sind für „Politik" durchaus ansprechbar.

8.2 Beziehung der Klasse zum Thema

Über Rentenfragen gibt es in der Klasse so gut wie kein Vorwissen. Das große Echo, das der Stihl-Vorschlag in der Öffentlichkeit ausgelöst hat, hat aber zu einer gewissen Neugierde auf die Thematik geführt. Wenn die Schülerinnen und Schüler einen Inhalt anhand von Nachrichtensendungen (September 2000) mitverfolgen, erhöht dies ihren Aufmerksamkeitsgrad. Der eine oder andere gewinnt Interesse am Inhalt und ist zusätzlich motiviert. Da kaum Vorwissen vorhanden ist, sind die Jugendlichen bereit, Informationen aus den öffentlichen Medien aufzunehmen und ihre Rückfragen in den Unterricht einzubringen. Je mehr Fragehaltungen sie entwickeln, desto mehr sind sie motiviert, nach Lösungen zu suchen. Die Chance des Politikunterrichts, aktuelle Diskussionen mit politischen Strukturzusammenhängen zu verknüpfen, wird hier bewusst genutzt, um Interesse zu wecken und so dem Desinteresse, das meist auf Unwissen und Unverständnis beruht, entgegenzuwirken.

Methodisch sind die Schülerinnen und Schüler geübt. Sie sind gewöhnt an Textarbeit, Rollenspiele, Diskussionen, Debatten, Talkshows und stehen handlungsorientierten Arbeitstechniken offen gegenüber. Die Diskussionen sind immer lebhaft, auch die Mädchen beteiligen sich. Das Arbeitsklima ist angenehm. Der Lehrende und die Lernenden akzeptieren und respektieren sich. Es sind alle Lernertypen vorhanden, so dass es ohne weiteres möglich ist, politische Themen zu behandeln und aus verschiedenen Sichtweisen zu analysieren.

Die Lehrerin bzw. der Lehrer stellt noch weiterführende Überlegungen zu dem „Klima" in der Klasse an. Untersuchungen haben ergeben, dass *Schülerinnen* eher „beziehungsorientiert in dem Sinn sind, dass sie die Verantwortung für die inhaltliche Aufgabe und damit für die Sache übernehmen sowie Verantwortung für das Gesprächsklima in der Klasse" (Kroll 2001). Ist dieses Bedürfnis bei den Schülerinnen der Klasse vorhanden, dann muss darauf inhaltlich und methodisch eingegangen werden. Mädchen dürfen z.B. bei der Rollenvergabe, bei Simulationen, der Gesprächsführung und durch das Lehrerhandeln nicht benachteiligt werden. Das geschieht leicht, denn gerade im Politikunterricht versuchen die Jungen die Gespräche zu dominieren, indem sie die Mädchen unterbrechen und in verbal aggressiver Form reagieren. Die Lehrerin bzw. der Lehrer wird daher im Unterricht auf Überwältigungsversuche der Jungen zu achten haben. Schon in der Planung kann sie/

er sich Gegensteuerungsmöglichkeiten überlegen. Inhaltlich ist zu berücksichtigen, dass das Interesse der Mädchen daran, „wie Institutionen arbeiten und funktionieren, eng mit dem Interesse verknüpft ist, wie sich diese Arbeit für die konkret betroffenen Menschen auswirkt“ (Kroll 2001). Für die Auswahl der Medien bedeutet dies z.B. den Einbezug alltäglicher Reaktionsweisen von Menschen (Mat. 1), wie sie in Fällen aus der Alltagswelt zugänglich werden.

Kenntnisse und Einstellungen

Zunächst kann man davon ausgehen, dass den Schülerinnen und Schülern einer 10. Klasse Aspekte der Rentenproblematik fern stehen. Sie sind mit den Alltagsproblemen ihrer Jugend beschäftigt und denken noch wenig über die Zeit nach, wenn sie über 60 Jahre alt sein werden. Deshalb interessieren sie sich auch voraussichtlich wenig für Rentenfragen. Sie leben in der Überzeugung, dass der Zeitpunkt, an dem diese Fragen für sie Bedeutung gewinnen, noch in einer unvorstellbar fernen Zukunft liegt. Vertraut man der Shell-Jugendstudie, dann herrscht unter Heranwachsenden als Grundstimmung Zuversicht in die Zukunft vor: „In der Zusammenschau spricht wenig für die manchmal zu hörende Unterstellung, die Jugendlichen wüssten angesichts von fortdauernder Arbeitslosigkeit, von Flexibilisierung und Globalisierung sowie vom rasanten Wandel in allen Lebensbereichen nicht mehr ein noch aus. Eher im Gegenteil! Relativ zuversichtlich und überzeugt von der eigenen Leistungsfähigkeit versuchen sie mehrheitlich, aktiv ihre Lebensperspektive vorzubereiten.“ (Jugend 2000, 13). Doch über die Berufsperspektive hinaus haben die Autorinnen und Autoren nicht gefragt, so dass die Einstellungen der Jugendlichen zu ihrem eigenen Alter und speziell zur Alterssicherung hier offen bleiben.

Wenig erhellend ist in diesem Zusammenhang die Erkenntnis, dass sich das Verhältnis der Generationen deutlich verbessert und sich sogar mehrheitlich ein partnerschaftliches Verhältnis entwickelt hat. Dadurch werden unterschiedliche Interessenlagen verdeckt. Der Lehrende kann also davon ausgehen, dass die Jugendlichen in der Mehrzahl in einem guten Verhältnis zu ihren Eltern und auch zu ihren Großeltern stehen. Es ist bekannt, dass in vielen Familien die Großeltern ihre Enkel finanziell unterstützen. Der Lehrende muss daher aufpassen, dass das Nachdenken über unterschiedliche Interessenlagen zwischen den Generationen und über soziale Gerechtigkeit nicht zu Aversionen gegenüber der älteren Generation in den Familien seiner Schülerinnen und Schüler führt und sie/er ungewollt häusliche Konflikte heraufbeschwört.

Alltagswissen und Wissensaufbau

Da das Vorwissen zu dem Thema gering ist, stellt sich die Aufgabe, alle Schülerinnen und Schüler mit einigen Grundbegriffen der Altersversorgung bekannt zu machen. Der Lehrerin bzw. dem Lehrer ist bekannt, dass dies auch in der „guten“ Klasse eine schwierige

Aufgabe darstellt. In den Materialien werden folgende Konstrukte erwähnt: Umlageverfahren, Generationenvertrag, Bevölkerungsentwicklung, Lebensarbeitszeit, Sozialstaat, kapitalgedeckte Rente, Rentenniveau. Die Thematik bietet also Gelegenheit zum Lernen von *Begriffen.* Der Erwerb der Fachbegriffe sorgt für die Erweiterung des Alltagswissens durch wissenschaftliches Wissen. Jugendliche sperren sich häufig dagegen, da die Beschäftigung mit abstrakten Begriffen langweilig und schwierig ist und sie den Eindruck haben, Begriffe um der Begriffe willen lernen zu müssen.

Die Lehrerin bzw. der Lehrer muss den Unterricht daher so planen, dass das Begriffe-Lernen den Jugendlichen nicht als Selbstzweck erscheint. Begriffe ermöglichen aber den Aufbau eines Orientierungswissens, da sie die Komplexität der politischen Gegenstände in überschaubare Einheiten strukturieren. „Begriffe fassen nicht nur vorausgegangene Erfahrungen in geordneter Form zusammen, sie ermöglichen es auch, neuen Beobachtungen Bedeutung zuzuschreiben." (Mietzel 1998, 197) Schülerinnen und Schüler lernen Begriffe zunächst auf der Grundlage klarer Beispiele. Sie speichern sie als Prototypen und vergleichen sie mit bereits vorhandenen. Politischen Kategorien lassen sich also nach bestimmten Definitionsregeln Beispiele zuordnen, wobei der Lernende dieses Wissen durch aktives Sammeln von Erfahrungen in Lernsituationen erwirbt. „Es empfiehlt sich in der Schule Begriffe regelmäßig zu wiederholen und ihre Verwendung in möglichst verschiedenen Zusammenhängen zu verwenden." (ebenda, 206) Der Erwerb neuer Informationen ist demnach auf Lernmaterial mit hohem Ordnungsgrad angewiesen.

Die Lernanlässe in der Reihe sind auf unterschiedlichen Lernebenen angesiedelt und bieten den Lernenden genügend Ankerplätze für ihre je individuellen Konstruktionen (Lernpsychologie). Anhand der Erfahrungen aus den Fallbeispielen (Mat. 1, 3a) können die Schülerinnen und Schüler einen konkreten Bezug zu ihrem zukünftigen Leben und zugleich abstrakte Beziehungen zum politischen Feld herstellen. Dies gelingt leicht über den Begriff „Generationenvertrag". Auf der politischen Lernebene lässt sich die Vermittlung von Kenntnissen zum Handlungsrahmen (Sozialstaat, Sozialpolitik, Interessenverbände) mit der Analyse des Rentenproblems und aktueller politischer Prozesse verbinden. Die Lehrerin bzw. der Lehrer darf den Handlungsrahmen auch bei kontroversem Unterrichtsgeschehen nicht vergessen; von sich aus werden die Schülerinnen und Schüler darauf nicht unbedingt drängen.

8.3 Unterschiedliche Interessen von Lehrenden und Lernenden

Der Lehrende hat zu berücksichtigen, dass seine Interessenlage eine andere ist als die der Jugendlichen. Er kann seine Meinung durchaus äußern, sollte aber vor allem die Meinungsbildung der Schülerinnen und Schüler fördern. Das Herausarbeiten unterschiedlicher Interessenlagen zwischen Lehrer und Schülern kann aber gerade bei diesem Thema sinnvoll sein. Ohnehin müssen die Unterschiede offen gelegt werden, da sie für die Urteilsbildung unerlässlich sind. Die Gestaltung der Zukunft durch eine Rentenreform ist für beide Generationen nicht leicht zu beurteilen. Gleichwohl ist die Herausforderung für die Schülerinnen und Schüler größer, da sie sich bisher kaum mit dieser Frage beschäftigt haben. Umso wichtiger ist es, dass im Material die Grundlagen für die möglichen Denkrichtungen der Generationen angelegt sind (Mat. 5). Erleichtert werden solche Denkprozesse durch die Tatsache, dass sowohl in der öffentlichen Diskussion als auch von den Jugendlichen entsprechend ihrer Entwicklungsstufe über die Notwendigkeit gerechten Handelns nachgedacht wird. Mit der Methode der Werteklärung (Weißeno 2000a) können die Schülerinnen und Schüler sich in die unterschiedlichen Perspektiven hineindenken und zu einem Urteil kommen, das sowohl ihr „Eigeninteresse" als auch den Wert „Soziale Gerechtigkeit" berücksichtigt.

9. Ziele der Unterrichtseinheit

Beim Nachdenken über Ziele tut die Lehrerin bzw. der Lehrer gut daran, zunächst über die Zielstellung des Unterrichtsvorhabens allgemein Klarheit zu gewinnen. Für sie/ihn steht fest, dass sich die Schülerinnen und Schüler Kenntnisse aneignen sollen, dass der Wissenserwerb aber nicht im Vordergrund stehen soll. Ferner geht sie/er davon aus, das soziale und das politische Lernen zu fördern, dabei aber dem politischen Lernen eine gewisse Priorität einzuräumen. Am Beispiel der Rentenproblematik sollen sich die Jugendlichen im politischen Denken üben. Hier steht sie/er vor der Entscheidung, ob die Klasse einen politischen Inhalt nur analysieren oder ob sie ihn zusätzlich beurteilen soll. Die Lehrerin bzw. der Lehrer beschließt, den Schülerinnen und Schülern eine Analyse- und eine Urteilsaufgabe zu stellen.

9.1 Urteilsaufgabe

Strukturveränderungen bei der Rentenversicherung sind für sehr viele Bundesbürger von Bedeutung. Auch viele Schülerinnen und Schüler werden später davon betroffen sein. Es ist daher wichtig, dass sie die unterschiedlichen Lösungsvorschläge beurteilen können. Einem Urteil geht eine gründliche Analyse voraus (vgl. Abschnitt 6). Es kann aber nicht erwartet werden, dass sich die Mehrzahl der Bürgerinnen und Bürger zu Rentenspezialisten entwickelt. Zur Urteilsbildung müssen daher Kriterien angeboten werden, die auch bei geringen Kenntnissen ein selbstständiges Urteil ermöglichen.

Für das Unterrichtsvorhaben werden zwei Kriterien vorgeschlagen: *Eigeninteresse* und soziale *Gerechtigkeit.* Nach dem dritten Beutelsbacher Konsenssatz sollen die Schülerinnen und Schüler Politik entsprechend „ihrer eigenen Interessenlage" beurteilen. Die Verwendung dieses Urteilskriteriums kann und soll zu unterschiedlichen Ergebnissen führen. Die Offenheit bildet die Voraussetzung dafür, dass die Jugendlichen eigenständig und unabhängig urteilen. Angesichts der Sozialabgaben, die Schülerinnen und Schüler schon in naher Zukunft nach dem Eintritt in ein Arbeits- oder Ausbildungsverhältnis aufbringen müssen, liegt es in ihrem Interesse, die Auszahlung der Renten erst mit 67 Jahren beginnen zu lassen. Denn so können die Lohnnebenkosten vielleicht unter 20 Prozent gehalten werden. Andererseits werden viele Heranwachsende nicht begeistert darüber sein, selbst bis 67 arbeiten zu müssen, wo zurzeit doch ihre Eltern und Verwandten in der Regel bereits im Alter unter 60 in Rente gehen (Mat. 3c).

Auch den „Riester-Plan" können Jugendliche aus Eigeninteresse heraus begrüßen. Denn sie werden dadurch in die Lage versetzt, für die eigene Sicherheit im Alter zu sorgen.

Andererseits gibt es Gründe für eine Ablehnung. Es kann nicht im Interesse der Heranwachsenden liegen, wie keine andere Generation Leistungen aufbringen zu müssen. Im Übrigen: Was geschieht mit ihrer privaten Altersvorsorge, wenn sie längere Zeit arbeitslos sind? Und vor diesem Schicksal sieht sich heute niemand geschützt.

Urteilsüberlegungen aus Eigeninteresse heraus machen den Schülerinnen und Schülern am Beispiel des Rentenproblems klar, dass es in der Politik um ihre Sache geht. Sie sollen aber auch noch ein anderes Urteilskriterium kennen lernen. In dem Unterrichtsvorhaben wurde hierzu „soziale Gerechtigkeit" ausgewählt. Was soziale Gerechtigkeit bedeutet, ist sehr schwer zu sagen. Die Lehrerin bzw. der Lehrer entscheidet sich dafür, im Unterricht Ausgewogenheit als Merkmal von sozialer Gerechtigkeit herauszustellen. Hinter dem Urteilskriterium „Soziale Gerechtigkeit" steht die Vorstellung von Gleichheit. Gleichheit und Gerechtigkeit gehören eng zusammen und bilden einen der demokratischen Grundwerte (Breit 2000, 222 ff.). Die Beurteilung des Rentenproblems eignet sich gut zur Klärung dieses bei einer Beurteilung oftmals unbewusst verwendeten Wertes Gleichheit/ Gerechtigkeit (Weißeno 2000a).

9.2 Erwerb von Kompetenzen

Die Lehrerin oder der Lehrer versucht im Politikunterricht allgemein, die Schülerinnen und Schüler zu Zeitungslesern mit kritischem Verstand, „weder mit Verstand ohne Kritik, noch mit Kritik ohne Verstand" (Eschenburg 1985, 243), auszubilden. Sie sollen lernen, als reflektierende Zuschauer eine öffentliche politische Diskussion zu verfolgen. In der Einheit sollen sie sich mit den Auseinandersetzungen um die beiden Lösungsvorschläge von Stihl und Riester beschäftigen. Dazu benötigen die Schülerinnen und Schüler Kenntnisse über das Rentensystem (kognitive Kompetenzen). Es soll aber *keine Rentenkunde* betrieben werden. Deshalb wird sich die Lehrerin bzw. der Lehrer nicht damit begnügen, den Schülerinnen und Schülern das System der Rentenversicherung nahe zu bringen. Die Jugendlichen sollen vielmehr lernen, die gegenwärtigen Auseinandersetzungen um die staatliche Altersvorsorge und zwei mögliche Problemlösungen zu analysieren und zu beurteilen (prozedurale Kompetenzen).

Darüber hinaus gibt die Unterrichtseinheit den Jugendlichen Gelegenheit, in einer politischen Auseinandersetzung eine persönliche *Position zu entwickeln* und in der Diskussion gegenüber Klassenkameraden und der Lehrerin/ dem Lehrer zu vertreten. Sie sollen die Bereitschaft und den Willen ausbilden, in politischen Konflikten für sich eine Entscheidung zu treffen und so Partei zu beziehen, sich aber dabei nicht nur von Eigeninteresse, sondern auch von einem Bemühen um Ausgewogenheit/ Soziale Gerechtigkeit leiten lassen (habituelle Disposition).

Die Lehrerin oder der Lehrer gelangt zu folgenden allgemeinen Zielüberlegungen:

In der Unterrichtseinheit sollen die Schülerinnen und Schüler politisches Orientierungswissen erwerben. Sie sollen

- Grundzüge des Systems der sozialen Sicherung,
- den Generationenvertrag bzw. das Umlageverfahren als den Kern der sozialen Sicherungssysteme,
- die demographische Entwicklung als Ursache für das gegenwärtigen Rentenproblem,
- das Urteilskriterium „eigene Interessenlage",
- das Urteilskriterium „Soziale Gerechtigkeit" kennen lernen.

Zum anderen sollen die Schülerinnen und Schüler die Vorschläge, das Renteneintrittsalter zu erhöhen und den Riester-Plan analysieren und beurteilen. Sie sollen für sich klären, ob und inwieweit sie bei ihrem Urteil die Aussicht auf einen eigenen Vor- bzw. Nachteil und/ oder das Streben nach Ausgleich und sozialer Gerechtigkeit geleitet hat.

Über die Beschäftigung mit der Rentenreform hinaus sollen die Schülerinnen und Schüler in der Unterrichtseinheit durch Fallbeispiele dazu gebracht werden, sowohl in ihrem persönlichen Umgang mit Menschen anderer Generationen (soziales Lernen) als auch bei der Analyse und Beurteilung von politischen Problemen, Problemlösungen und Entscheidungen (politisches Lernen) über die Bedeutung

- sowohl von Eigenvorsorge und der Vertretung von Eigeninteressen
- als auch von Solidarverhalten

für ihr jetziges und zukünftiges Leben nachzudenken. Ihnen soll bewusst werden, dass in unserer Gesellschaft für den einzelnen Bürger die Verfolgung eigener Interessen ebenso notwendig ist wie das Streben nach Ausgewogenheit und sozialer Gerechtigkeit.

Diese Ziele der Unterrichtseinheit sind ganzheitlich angelegt. Neben der Aufnahme von Wissen lernen die Schülerinnen und Schüler, politische Problemlösungsvorschläge zu untersuchen und kriteriengeleitet zu beurteilen. Der breite Raum, der den Fallbeispielen eingeräumt wird, macht deutlich, dass der Aussprache von Gefühlsqualitäten und Meinungen große Bedeutung zukommt. Die *aktivierenden Arbeitstechniken* und die Textanalyse sollen das Ordnen der Informationen zur Rentenreform erleichtern und das selbstständige Mit- und Weiterdenken anstoßen. Die Unterrichtsmedien sollen für das Vorwissen und für die Altersstufe der Schülerinnen und Schüler angemessen, verständlich und nicht zu umfangreich sein. Sie sollen das Lernen nicht behindern, sondern zur Motivation beitragen.

Die Unterrichtseinheit bietet eine Vielzahl von Ansatzmöglichkeiten, selbstständiges soziales und politisches Handeln vorzubereiten. Die Beteiligungsmöglichkeiten „sich sozial und demokratisch verhalten, sich informieren, die eigenen Meinung sagen" sind impliziert. Das Ziel „Vorbereitung zur Wahrnehmung der Bürgerrolle in der Demokratie" bzw. „Erziehung zum Normalbürger als urteilsfähigem Zuschauer" kann durch die Konzeption der Unterrichtseinheit angestrebt werden (Mat. 6).

9.3 Orientierung an Unterrichtsprinzipien

Problemlösendes *Denken*

Damit die Schülerinnen und Schüler sich im problemlösenden Denken üben können, werden in der Unterrichtseinheit zwei unterschiedliche Vorschläge zur Lösung der Rentenproblematik präsentiert und diskutiert. Das „Problem“, vor das jeder einzelne Unterrichtsteilnehmer gestellt wird, besteht darin, sich ein Urteil über zwei Lösungsvorschläge zu bilden. Bewältigen die Jugendlichen diese Aufgabe auf der Grundlage einer rationalen Analyse und Urteilsbildung, dann können sie den öffentlichen Diskurs im September 2000 verstehen, die Vielzahl der Stellungnahmen einschätzen und sich an den Auseinandersetzungen (z.B. bei Gesprächen in der Familie) beteiligen.

Fallprinzip und exemplarisches Lernen

Die Unterrichtseinheit ist nach dem Fallprinzip organisiert. Über die Fälle aus der Lebenswelt (Mat. 1) lernen die Schülerinnen und Schüler sich in die Situation anderer hinein zu denken und zu fühlen. In der Einheit wird auf einen vollständigen Wissenserwerb über Sozialstaat und Sozialpolitik verzichtet und dieser Politikbereich nur exemplarisch behandelt. Fälle aus der Lebenswelt der Schülerinnen und Schüler dienen als Ausgangspunkt für das selbstständige politische Denken und Handeln am Beispiel der Neuorganisation der Altersversorgung.

Kategoriales Lernen

Bei der selbstständigen Analyse können die Unterrichtsteilnehmer wichtige politische Kategorien wie Ursache von Problemen, Akteure und Interessen anwenden und vertiefen. Zusätzlich üben sie sich in der Anwendung von den zwei Urteilskriterien „Eigeninteresse“ und „Ausgewogenheit/Soziale Gerechtigkeit“.

Kontroversität

Die Fallbeispiele lösen in der Klasse unterschiedliche Stellungnahmen aus und bringen Kontroversität in den Unterricht. Dies setzt sich bei der Analyse und Beurteilung der beiden Lösungsvorschläge fort. Die Diskussionen bieten den Jugendlichen Alternativen an und fordern ihre Entscheidung heraus. Die Strukturierung durch Analysekategorien und Urteilskriterien und die Kontroversität des Unterrichtsgeschehens sollen die Schülerinnen und Schüler in die Lage versetzen, die Rentenreform selbstständig zu beurteilen, nach Beendigung der Unterrichtseinheit die weitere politische Entwicklung (Phase Entscheidung: Abstimmung im Bundestag und im Bundesrat) kritisch mitzuverfolgen und reflektiert Partei zu ergreifen.

10. Entscheidungen über die Darbietung der Inhalte

10.1 Methoden

Die Überlegung, zwei unterschiedliche Konzepte der Rentenreform vorzustellen, lässt sich mit mehreren Methoden realisieren. Einen Königsweg gibt es hier – wie immer – nicht. Es bieten sich an

- eine *Pro-Kontra-Diskussion:* Die kontrovers angelegten Konzepte werden von den Schülerinnen und Schülern vorab erarbeitet. Sie formulieren ihre beiden Positionen in arbeitsteiliger Gruppenarbeit, erarbeiten darüber hinaus die Plädoyers der Anwälte und bereiten sich auf die Befragung von Sachverständigen vor (Massing 1998, 48 ff.). Die Methode schärft die Urteilsbildung durch die Betonung der Kontroverse.
- eine *Talkshow* mit folgenden Rollen: Arbeitsminister Riester, Arbeitgeberpräsident Stihl, Herr X von der Rentenversicherung, Frau Y von den Gewerkschaften, Moderatorin. Diese Rollen werden in Arbeitsgruppen anhand von Materialien vorbereitet. Auch hier werden die Kontroversen betont und zugleich habituelle Kompetenzen gefördert. Inhaltliche Positionen stehen im Vordergrund (Massing 1998, 40 ff.; Weißeno 1998, 278 ff.).
- ein *Rollenspiel* mit folgenden Personen aus dem Nahbereich: Rentner X, Jugendliche Y (pro Riester), Elternteil Z (pro Stihl), Jugendliche V diskutieren ihre unterschiedlichen Interessen in Bezug auf die Alterssicherung. Über diese Personen aus dem sozialen Nahbereich sollen sich die Schülerinnen und Schüler in die Gedanken und Gefühle ihrer Mitmenschen hineindenken und -fühlen und so das Handeln ihrer Mitschüler, Verwandten und weiterer Bezugspersonen besser verstehen (Massing 1998, 15 ff.). Es dominiert soziales Lernen; auf den Brückenschlag zum politischen Lernen über formalisierte Rollen des politischen Bereichs wird bewusst verzichtet.
- eine Vielzahl unterschiedlicher *Arbeitstechniken* im Rahmen eines Lehrgangs: Dies hat den Vorteil, alle Lernebenen gleichermaßen anzusprechen und einen Mix unterschiedlicher Unterrichtsprinzipien zuzulassen. Es hat den Nachteil, dass der Lehrende mit den Arbeitstechniken stärker als mit den Methoden lenkt und individuelles Erkenntnispotential nicht automatisch freisetzt.

Weitere handlungsorientierte Methoden wie Parlamentsbesuch, Computersimulation, Expertenbefragung, Erkundung usw. erscheinen im Zusammenhang mit dem ausgewählten Inhalt weniger geeignet, da sie den Lernprozess und die Lernergebnisse in andere Richtungen lenken. Sie passen nicht zu den Inhalten und Zielen. Bereits die vorgestellten

Methoden setzen jeweils andere inhaltliche Akzente und rücken unterschiedliche Zieldimensionen in den Vordergrund. Diese Einflüsse treten im Planungsprozess zutage und sind Teil des Implikationszusammenhangs. Wenn wir uns für einen Lehrgang mit unterschiedlichen aktivierenden Arbeitstechniken entschieden haben, so bedeutet dies keine Präferenz im Sinne einer optimalen Strategie. Die Alternativen verdeutlichen, dass selbstverständlich auch andere Entscheidungen zu sinnvollen Lernwegen führen können.

10.2 Arbeitstechniken und Lernebenen

Die meisten aktivierenden Arbeitstechniken lassen sich in der Kombination mit den Methoden anwenden; sie eröffnen dem Unterricht zusätzlich Möglichkeiten der politischen Urteilsbildung. Um das allgemeine Ziel des kritischen Zeitungslesers zu erreichen, steht die Auswertung von Zeitungstexten im Vordergrund. Dies kann in Form einer Umformung des Textes, eines gelenkten Unterrichtsgesprächs und der Bildung von Fragen, Hypothesen oder Leitsätzen geschehen.

Die Unterrichtsarbeit findet auf zwei Lernebenen statt (konkrete L., allgemeine L.). Die Arbeit auf der konkreten Lernebene geht über einen bloßen Einstieg weit hinaus; sie nimmt mehr als die Hälfte der Unterrichtszeit in Anspruch. Auf der konkreten Lernebene wird ausführlich ein Fall (Mat. 1) untersucht und zum Anlass einer Urteilsbildung genommen. Die Fallanalyse bleibt aber nicht im Konkreten stehen; sie führt bereits zu einer Verallgemeinerung (der Herausarbeitung zweier Begriffe „Generationenvertrag“ und „soziale Gerechtigkeit“). Selbst der Einstieg kann bereits zu einer Begriffsklärung und damit zu einer Verallgemeinerung (Herausarbeitung des Begriffs „Eigeninteresse“) genutzt werden. Im Einstieg und der Fallanalyse begegnen die Schülerinnen und Schüler bereits den Urteilskriterien Eigeninteresse und soziale Gerechtigkeit.

Die Übertragung des Begriffs „Generationenvertrag“ aus der Vorstellungs- und Lebenswelt der Jugendlichen (Mat. 1) in das System der sozialen Sicherungen (Mat. 2) bildet den Übergang von der konkreten zur allgemeinen oder politischen Lernebene. Hier werden die Ursachen für das Rentenproblem aufgezeigt und zwei Vorschläge zur Lösung des Rentenproblems analysiert und beurteilt. Am Schluss der Einheit wird eine Generalisierung versucht; dabei soll den Jugendlichen die Schwierigkeit der Verwendung von Eigeninteresse und Soziale Gerechtigkeit als Kriterien zur Beurteilung von Politik bewusst werden.

Um bei der Arbeit auf der allgemeinen Lernebene die Schülerinnen und Schüler nicht zu überfordern, werden auch hier wiederholt konkrete Lernangebote gemacht (die Familie Pietsch als Konkretisierung des Rentenproblems; die Auseinandersetzung um den Stihl-Vorschlag als Fall aus der Welt der Politik). Da in der Einheit dem problemlösenden Denken ein Vorrang vor der Wissensvermittlung eingeräumt wird, sieht die Arbeit auf beiden Lernebenen immer wieder Phasen des Schüler-Schüler-Gesprächs und der Diskussion vor. Auf einen Exkurs zum Globalen Lernen wird bewusst verzichtet. Es genügt, wenn die Lehrerin/der Lehrer die Schülerinnen und Schüler am Ende der vierten oder fünften Unterrichtsstunde auffordert, die Urteilskriterien Eigeninteresse und Soziale Gerechtigkeit einmal für sich auf das Verhältnis von westlichen Industrieländern und Entwicklungsländern anzuwenden.

10.3 Medien und Unterrichtsprinzipien

Von großer Bedeutung für das Gelingen der Unterrichtseinheit ist der Fall „Lasst den Alten stehen! Sentimentale Anmerkungen zum Generationenvertrag" (Mat. 1a). Für die Auswahl dieses „Falles" war die Überschrift ausschlaggebend. Sie fordert bei der Untersuchung geradezu zur Klärung des Begriffs „Generationenvertrag" heraus (vgl. dazu auch Mat. 2 b). Der abstrakte, aber unpolitische Text über die Gründe, warum Frauen sich heute eine Tochter und nicht mehr wie früher einen Sohn oder mehrere Kinder wünschen (Mat. 1b), soll die Schülerinnen und Schüler provozieren und nachdenklich stimmen. Sie erkennen, dass bei Ehepaaren u.U. die Vorsorge für das Alter den Wunsch nach einem Kind (Tochter) mit bestimmt. Dieses nüchterne, von Eigeninteresse bestimmte Denken fordert sie heraus, sich aus ihrer Interessenlage heraus über das Verhältnis Eltern-Kinder klar zu werden. Der Text ist geeignet, die Jugendlichen zu einer Stellungnahme herauszufordern. Die Provokation will aber sorgfältig überlegt sein. Ist zu befürchten, dass sie Verstörungen bei den Schülerinnen und Schülern bewirkt oder gar eine Gefährdung des Familienfriedens hervorruft, dann sollte davon Abstand genommen werden.

Die Materialien 2 und 3 zeigen den Heranwachsenden, dass sich in der Altersversorgung und in der Rentenfrage das Verhältnis der Generationen untereinander in Zukunft ändern wird. Wer die Familie Pietsch (Mat. 3a) (im „Stern" wird der Leser dank der Photos auch optisch mit den männlichen Familienmitgliedern vertraut gemacht) und die Bevölkerungsentwicklung (Mat. 3b) kennen lernt, wer dazu noch um das frühe Renteneintrittsalter weiß (Mat. 3c), kann den Zorn der Jugend verstehen (Mat. 3d). Leserbriefe machen die Sichtweise und das verständliche Eigeninteresse von Rentnern deutlich (Mat. 3e). Das gesellschaftliche Problem wird deutlich. Wie lässt sich das Umlageverfahren des Generationenvertrages angesichts einer ungleichen Bevölkerungsentwicklung in Zukunft aufrechterhalten und sozial gerecht gestalten?

Auf der politischen Lernebene analysieren und beurteilen die Schülerinnen und Schüler zwei Problemlösungsvorschläge (Mat. 4 und 5). Insbesondere Material 5 wird die Schülerinnen und Schüler fordern. Ein Auszug aus dem Gespräch von Jugendlichen mit dem Bundespräsidenten (Mat. 6) zeigt, dass in einer Demokratie ein Bürger nicht bei der Urteilsbildung stehen bleiben, sondern auch über sein Handeln nachdenken soll. In der Unterrichtseinheit erhalten die Schülerinnen und Schüler auf beiden Lernebenen Gelegenheit zum selbstständigen, unabhängigen Denken. Der Bezug zum allgemeinen Unterrichtsziel „Mündigkeit" bzw. „kritischer Zeitungsleser" wird so eingelöst.

Das eigenständige Denken zur Lösung von Aufgaben („problemlösendes Denken") unterstützt die Lehrerin oder der Lehrer durch Kategorien, Kriterien und die damit gebildeten Schlüsselfragen. Mit den Fragen können die Schülerinnen und Schüler Untersuchungs- und Urteilsaufgaben selbstständig bearbeiten. Dies entspricht der Zielsetzung von handlungsorientiertem Unterricht, auch wenn in unserer Einheit keine ausgewiesene handlungsorientierte Methode, dafür aber eine Vielzahl aktivierender Arbeitstechniken angewandt werden. Aktualität weisen der Inhalt des Unterrichts und die eingesetzten Unterrichtsmedien auf. Dadurch wird die Motivation bei den Schülerinnen und Schülern gefördert. Die Untersuchung und Beurteilung von Rentenproblemlösungsvorschlägen erfolgt exemplarisch für die Beschäftigung mit Politik. Die Lernaufgaben sind so gestaltet, dass sie die Unterrichtsteilnehmer zu kontroversen Sichtweisen herausfordern.

In der Unterrichtseinheit erhalten die Schülerinnen und Schüler Gelegenheit zum selbstständigen, unabhängigen Denken. Der Bezug zum allgemeinen Unterrichtsziel „Mündigkeit", „interventionsfähiger Bürger" bzw. „kritischer Zeitungsleser" wird so eingelöst. Zum Schluss kann den Schülerinnen und Schülern Gelegenheit eingeräumt werden, über eigene politische Handlungsmöglichkeiten nachzudenken. Ein Auszug aus dem Gespräch von Jugendlichen mit dem Bundespräsidenten (Mat. 6) zeigt, dass in einer Demokratie ein Bürger nicht bei der Urteilsbildung stehen bleiben, sondern auch politisch handeln kann.

11. Zum Verhältnis von Planung und Plan

Studierende sowie Referendarinnen und Referendare (gelegentlich auch einmal Lehrerinnen und Lehrer) sehen sich vor die Aufgabe gestellt, einen schriftlichen Plan für eine Unterrichtsstunde bzw. für eine mehrstündige Unterrichtseinheit auszuarbeiten. Im schriftlichen Plan kann der zirkulärer Denkprozess, der während der Unterrichtsplanung im Kopf der planenden Lehrerin bzw. des Lehrers abläuft, nicht festgehalten werden. Dazu müsste eine sehr lange und auch sehr unübersichtliche Abhandlung voller Wiederholungen und Sackgassen geschrieben werden.

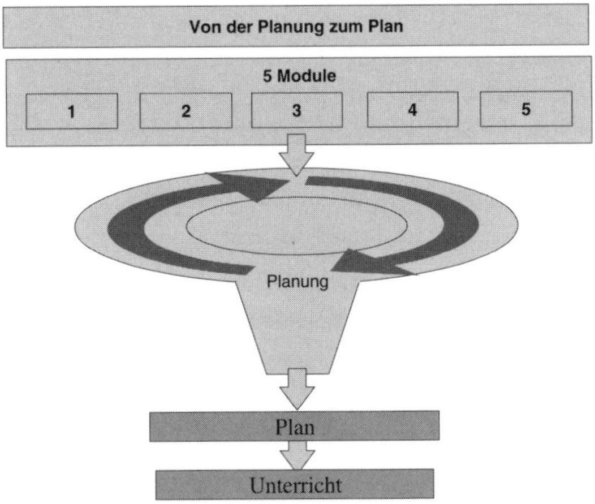

Der schriftliche Plan, den die Autorin oder der Autor während der Studien- oder Ausbildungszeit oder z.B. aus Anlass einer bevorstehenden Beförderung anfertigt und den eine Leserin oder ein Leser zu sehen bekommt, kann erst am Ende aller Planungsüberlegungen und -entscheidungen ausformuliert werden. Der *schriftliche Plan* stellt das Ergebnis sämtlicher Planungsüberlegungen und Entscheidungen dar. Der Verfasser hat sie so lange durchdacht, bis sie seiner Meinung nach zueinander passen und unter den gegebenen Unterrichtsbedingungen eine in sich stimmige Einheit bilden. Als schriftlicher Plan werden nicht die Entwürfe bezeichnet, die – halbfertig – wegen anderer Entscheidungen wieder verworfen wurden. Einem schriftlichen Plan sieht man nicht an, wie groß die Zahl seiner nicht zu Ende entwickelten Vorgänger ist. Es kann durchaus vorkommen, dass man im Planungsprozess sogar die anfangs ausgewählte politikdidaktische Perspektive abändern oder gänzlich verwerfen und mit seinen Planungsüberlegungen ganz von vorn beginnen muss („Geh zurück auf Null!" – „Mensch, ärgere Dich nicht!").

Der schriftlich Plan soll

- *das Geschehen in der Klasse leichter verständlich machen,*
- *die Beobachter in die Zielsetzung der Einheit und/oder der Stunde einführen,*
- *den Inhalt des Unterrichts verdeutlichen und*
- *die eigenen Entscheidungen für die Abfolge der Lehr-Lern-Handlungen transparent machen.*

Die schriftliche Darstellung des Plans bringt die Autorinnen und Autoren dazu, sich sehr gründlich mit den Modulen auseinander zu setzen und ihre Planungsentscheidungen von mehreren Seiten her zu durchdenken. Für den Unterricht gewinnen sie durch diese Anstrengungen Handlungssicherheit und Situationssensibilität. Je besser sie vorbereitet sind, desto weniger lassen sie sich durch unvorhergesehene Beiträge von Schülerinnen und Schülern überraschen und aus dem Konzept bringen. Weil sie sich bei der Vorbereitung für ihren schriftlichen Plan Alternativen überlegt haben, müssen sie im Unterricht nicht starr an ihrem Entwurf festhalten, sondern können auf unvorgesehene Entwicklungen flexibel reagieren. Ein schriftlicher Plan besitzt immer den Charakter der Vorläufigkeit, denn der Lehrende muss seinen Schülerinnen und Schülern zuhören, ihre Beiträge aufgreifen und weiterführen. Die inhaltlichen und methodischen Entscheidungen können erst im Unterricht durchgeführt, ergänzt oder sogar verworfen werden.

Jeder Plan weist Grenzen auf, wenn es darum geht die Unterrichtswirklichkeit vorab zu erfassen oder zu beschreiben. Die *Lücke zwischen Plan und Realisierung* kann aus den verschiedensten Gründen mehr oder weniger groß sein. Die Ursachen dafür können in der Kompetenz des Lehrenden, in unvorhergesehenen sozialen Konflikten, in dem Vorwissen der Schülerinnen und Schüler und ihren Lernschwankungen, in der Tageszeit und anderem mehr liegen.

Unterricht lässt sich nicht im Plan abbilden.

Im Plan werden die Planungsideen entfaltet und in eine mehr oder weniger annehmbare, weil nachvollziehbare Gliederung gebracht. Keine Gliederung kann den Planungsprozess abbilden oder transparent machen. Darauf hinzuweisen ist wichtig, denn jede schriftliche Fixierung einer Planung erweckt den Eindruck einer linearen Abfolge der Denk- und Entscheidungsbewegungen. Da der Planungsprozess in einer zirkulären Denkbewegung erfolgt, der schriftliche Plan aber eine Abfolge von Überlegungen und Entscheidungen beschreibt, weckt jeder schriftliche Plan eine falsche Vorstellung von dem Prozess der „Planung". Im schriftlichen Plan müssen nicht alle Module „abgearbeitet" werden. Er kann in der Ausbildung willkürlich auf ein Modul oder mehrere Module beschränkt werden. Wir haben uns beispielsweise in unserem schriftlichen Plan (Teil III) dafür entschieden, die Bildung von politikdidaktischen Perspektiven wegzulassen. Der Plan beginnt deshalb sofort mit einer politikdidaktischen Perspektive und ihrer Begründung. Der schriftliche Plan kann sich sogar ausschließlich auf die Planung des Unterrichtsverlaufs beschränken, denn der Unterrichtsverlauf, so wie er als Ergebnis der Planung entsteht, stellt das Ergebnis der vorab angestellten Überlegungen und Entscheidungen dar.

III. Plan einer Unterrichtseinheit zur Riester-Rente

12. Der additive, der integrierte und der synoptische Plan

In jedem Ausbildungsseminar werden Verabredungen darüber getroffen, welche Module der Planung im Plan zu beschreiben sind und welche Gliederung zu bevorzugen ist. Zwar sollten inhaltlicher Bestandteil jeder gedanklichen Planung alle in Teil I beschriebenen Module sein, doch werden in der Praxis die Bildung politikdidaktischer Perspektiven fast nie und auch die Sachanalyse nur noch selten für die schriftliche Planung verlangt. Gegen den Verzicht einer Sachanalyse kann eingewandt werden, dass ein Planungsprozess ohne sorgfältige inhaltliche Klärung oftmals im Ungefähren verbleibt („So halt irgendwie irgendwas über Renten!"). Doch kann über die nicht schriftlich niedergelegten Überlegungen immer auch in einem Gespräch nach dem Unterricht reflektiert werden.

Für die formale Gestaltung finden sich in der Praxis der Lehrerausbildung im Wesentlichen drei Vorgehensweisen: der additive, der integrierte und der synoptische Plan.

Additiver Plan

Im additiven Plan müssen die Module insgesamt oder in einer vorher festgesetzten Auswahl abgearbeitet und als Einzelabschnitte in der Gliederung erkennbar sein. Für die Autorin bzw. den Autor besteht die Schwierigkeit darin, den Implikationszusammenhang bzw. die wechselseitige Abhängigkeit der einzelnen Entscheidungen bei gegebener analytischer Trennung zu beschreiben. Hier ein Gliederungsvorschlag, gegen den wie bei allen Vorschlägen viele Einwände vorgebracht werden können:

1. Inhalt
2. Politikdidaktische Perspektive
3. Bedingungsanalyse
4. Ziele
5. Methoden und Medien
6. Verlaufsplan

Integrierter Plan

Der integrierte Plan verzichtet auf jegliche Gliederung und versucht von vornherein die einzelnen Module vernetzt zu beschreiben. Die Gliederung orientiert sich dann meist am Thema (Inhalt und Ziele) und am Ablauf der Einheit/Stunde, lässt aber individuelle Akzentuierungen zu. Für gesonderte Ausführungen zu einzelnen Modulen findet sich kein Platz. Dieser schriftliche Plan verführt Autorinnen und Autoren leicht dazu, unverzichtbare Überlegungen erst gar nicht anzustellen. Die Folgen werden häufig im Unterricht sichtbar. Die Gliederung des schriftlichen Plans sieht dann so aus:

1. Methodisch-didaktische Überlegungen
2. Verlaufsplan

Synoptischer Plan

Der synoptische Plan orientiert sich am Lernweg. Die Phasen des Unterrichts werden in einem tabellarischen Raster aufgeführt und zumeist mit einem methodisch-didaktischen Kommentar versehen. Vorab werden noch die Zielsetzungen festgehalten. Problematisch ist, dass die tabellarische Form keinen Platz für die Auseinandersetzung mit einzelnen Modulen zulässt, eine methodische Sicht des Unterrichtsgeschehens nahe legt und die inhaltliche Seite dagegen vernachlässigt.

Phase	Methodisch-didaktischer Kommentar
Einstieg	
Erarbeitung	
Generalisierung	

Vielfältige Varianten dieser drei Vorgehensweisen finden sich in der Praxis. Schon aus Platzgründen werden fast immer Verkürzungen des Planungsprozesses bewusst in Kauf genommen und akzeptiert. Inwieweit dies möglicherweise zu einer halbierten Professionalisierung (vgl. Bommes 1996) führt, kann hier nicht erörtert werden.

Im folgenden Beispiel entscheiden wir uns für einen additiven Plan. Der gesamte

Planungsprozess wird entlang einiger in Teil I vorgestellter Module in einem Plan additiv schriftlich festgehalten. In dem hier vorgelegten schriftlichen Plan wird auf wichtige Entscheidungen *nicht* immer eigens eingegangen. Er setzt mit einer politikdidaktischen Perspektive ein, die aus einer Vielzahl von möglichen Perspektiven ausgewählt worden ist. Auf den Auswahlprozess gehen wir nicht näher ein. Wir führen lediglich Begründungen für diese Entscheidung an. Ferner haben wir uns – sozusagen als eine methodische Grundsatzentscheidung – für den Lernweg vom Konkreten zum Abstrakten entschieden. In der Gegenstandsanalyse werden Inhalte für die konkrete und für die abstrakte Lernebene untersucht. Und die Ziele der Einheit sind nicht nur auf das politische, sondern auch auf das soziale Lernen hin ausgerichtet.

Als eine Art Kurzfassung der gedanklichen Planung wird dieser Plan im Teil III so vorgestellt, wie er auch in der Ausbildungspraxis unseres Erachtens ohne Überforderung der Auszubildenden möglich erscheint. Aber auch dieser schriftliche Plan ist nur als Anregung und nicht als Kopiervorlage gedacht. Jeder Ausbilder bzw. jeder Autor wird sich selbst seinen eigenen Zugang zum Schreiben eines Planes suchen. Dabei kann er sich zunächst an den hier vorgestellten Gliederungsvorschlägen orientieren und dann eine Auswahl treffen, Umstellungen vornehmen und sich eine eigene Herangehensweise erarbeiten. Um es noch einmal zu betonen:

Der hier vorgestellte schriftliche Plan ist nicht dazu gedacht kopiert zu werden. Er ist vielmehr als Anregung für die Praxis gedacht.

Die Unterrichtseinheit, so wie sie die Leserinnen und Leser dieses Buches als Planung (Teil II) und als schriftlichen Plan (Teil III) kennen lernen, stellt kein ambitioniertes, inhaltlich oder methodisch ausgefallenes Vorhaben dar. Wir haben vielmehr bewusst versucht eine Einheit so zu konzipieren, wie sie jede Politiklehrerin und jeder Politiklehrer ohne großen Aufwand in verhältnismäßig kurzer Zeit zu einem aktuellen politischen Vorgang planen kann.

An einer *Anforderung* müssen sich schriftliche Pläne immer messen lassen: Alle Teile der Planung müssen zueinander passen. Es darf nicht sein, dass der Leserin oder dem Leser in jedem Abschnitt des schriftlichen Plans eine neue Vorstellung von den Zielen und dem Inhalt des Unterrichtsvorhabens vermittelt wird und sie/er eigentlich erst im Abschnitt „Materialien" merkt, was die Autorin bzw. der Autor wirklich vorhat. Leserinnen und Leser eines schriftlichen Plans sind vor allem die Ausbilder der Autorinnen und Autoren. Ihnen eröffnet der Plan die Möglichkeit, sich rasch in die Planungsüberlegungen und -entscheidungen hineinzudenken. Sie können feststellen, welche Grundintention des Politikunterrichts (Lebenshilfe, soziales Lernen, politisches Lernen) im Vordergrund des Unterrichts stehen soll und welche Unterrichtsprinzipien (Kontroversität, Exemplarität, Problemorientierung, kategoriales Lernen, Handlungsorientierung, Aktualität) verwirklicht werden sollen.

Nach dem Besuch einer Unterrichtsstunde können Ausbilder und angehende Lehrer sowohl über den schriftlichen Plan als auch über den Unterrichtsverlauf sprechen. Inhalte und Ziele im schriftlichen Plan weichen häufig zum Teil beträchtlich von denen im gehaltenen Unterricht ab. Haben Fragen und Vorschläge von Schülerinnen und Schülern diese Veränderungen bewirkt, so sprechen die Unterschiede zwischen Plan und Verlauf zumeist nur für die Kompetenz der Lehrerin oder des Lehrers. Sie/er hat sich nicht gegen den Willen der Klasse an dem schriftlichen Plan festgeklammert, sondern hat flexibel reagiert und gemeinsam mit den Schülerinnen und Schülern die – fachdidaktisch vertretbare – neue Richtung eingeschlagen. Die Planungsüberlegungen haben dabei geholfen, indem sie die Handlungssicherheit in allen Fragen der Unterrichtssequenz geschaffen haben.

13. Plan einer Unterrichtseinheit

Thema der Einheit:
Werden wir Jugendlichen bei der Rentenreform über den Tisch gezogen?
Die Beurteilung von Vorschlägen zur Lösung des Rentenproblems

Ort:	Staatliches Gymnasium Runkenhausen	5.9.2000
Klasse:	10 c	
Schülerinnen:	13	
Schüler:	14	
Mentorin:	Frau Hilfsbereit	
Referendarin:	Frau Meier	
Fachleiter:	Herr Streng	

Politikdidaktische Perspektive

Ende August 2000 erregte eine Äußerung von Arbeitgeber-Präsident Stihl einige Aufmerksamkeit. Stihl forderte, das Rentenalter auf 67 zu erhöhen. Dieser Vorschlag löste ein großes und recht unterschiedliches Echo aus. In der Unterrichtseinheit sollen die Schülerinnen und Schüler das Rentenproblem und Ursachen dafür kennen lernen. Sie sollen zwei Problemlösungsvorschläge (Stihl und Riester) untersuchen und aus der Sicht sowohl der Rentner als auch der Beitragszahler und Jugendlichen mit Hilfe der Kriterien Eigeninteresse und soziale Gerechtigkeit beurteilen. Sie sollen dadurch befähigt werden, sich über die Vorschläge zur Lösung der Rentenkrise und die politischen Auseinandersetzungen ein eigenes Urteil zu bilden und diese kritisch zu verfolgen. Die Unterrichtseinheit soll die Voraussetzungen schaffen, um für eigene Interessen einzutreten, zugleich aber auch auf soziale Gerechtigkeit zu achten.

Inhalte

A: Analyse

Politisches Problem: Mehrere Ursachen (v.a. die demographische Entwicklung in der Bundesrepublik Deutschland (Mat. 3 b), die Zunahme der Lebenszeit (Mat. 3 a), das frühere Renteneintrittsalter (Mat. 3 c) und die Arbeitslosigkeit) führen dazu, dass das Rentensystem reformiert und der Generationenvertrag (Mat. 1, Mat. 2 b) neu ausgehandelt bzw. neu austariert werden muss. Das ist eine schwierige Aufgabe. Die Beiträge für die

Rentenversicherung können weder unbegrenzt erhöht noch können die Renten bzw. das Rentenniveau uferlos abgesenkt werden. Beide Maßnahmen führen zu Protesten (Beitragszahler, Rentner), die keine Regierung bei Wahlen unbeschadet überstehen wird.

Lösungsvorschläge: Die Notwendigkeit einer grundlegenden Rentenreform gilt allgemein als unbestritten. Ziel soll es sein, die Beitragssätze unter 20 Prozent und das Rentenniveau über 64 Prozent des Nettoeinkommens zu halten. Von den zahlreichen Lösungsvorschlägen der Akteure sollen im Folgenden zwei näher untersucht werden:

1. Die Verlängerung der Erwerbsphase auf 67 Jahre. In der Bundesrepublik nimmt die Lebenserwartung der Bürgerinnen und Bürger ständig zu. Der Anstieg legt es nahe, die zusätzliche Lebenszeit nicht ausschließlich zur Verlängerung des Rentenalters, sondern zum Teil auch zur Verlängerung der Erwerbsphase zu nutzen. Gegenwärtig beträgt das durchschnittliche Renteneintrittsalter weniger als 60 Jahre (vgl. Mat. 3 c). Eine schrittweise Anhebung dieses Zugangsalters zunächst auf 65, dann auf 67 Jahre könnte die Rentenversicherung finanziell spürbar entlasten. Der Vorschlag von Arbeitgeberpräsident Stihl in der BILD-Zeitung (Mat. 4) ist also durchaus ernst zu nehmen.
2. Der Riester-Plan: Nach dem Riester-Plan (Mat. 5) sollen die Beitragszahler in Zukunft steuerbegünstigt bis zu fünf Prozent des Nettoeinkommens für die Eigenvorsorge im Alter sparen. Damit wird die Alterssicherung auf drei Beine gestellt: (1) die Rente, die auf dem Umlageverfahren basiert, (2) die betriebliche Rente und (3) die kapitalfundierte Alterssicherung.

Politische Auseinandersetzung: Die Schülerinnen und Schüler beschäftigen sich in der Einheit nicht so sehr mit einer Auseinandersetzung zwischen Politikern und Parteien. Dennoch bleibt der politische Prozess im Unterricht nicht ausgespart. Im Mittelpunkt stehen als Akteure die Angehörigen mehrerer Generationen. Deren unterschiedliche Interessen machen die Problemlösung und deren Beurteilung so schwierig. In der Einheit wird die Auseinandersetzung zwischen Politikern und Parteien nicht als gleichberechtigte Phase neben Problem und Problemlösung behandelt. Die Jugendlichen beziehen sie vielmehr in die Analyse und Urteilsbildung der Problemlösung mit ein.

B: Politische Urteilsbildung

Zur politischen Urteilsbildung benötigen die Bürgerinnen und Bürger ebenso wie die Schülerinnen und Schüler Urteilskriterien. Nach dem dritten Beutelsbacher Konsenssatz ist die eigene Interessenlage für die Urteilsbildung anzusprechen. Zunächst werden die Bürgerinnen und Bürger danach fragen, ob für sie eine Rentenreform von Vorteil ist und welcher Vorschlag sie begünstigt. Sozial gerecht kann ein Vorschlag zur Rentenreform nur dann genannt werden, wenn er für Jugendliche, Beitragszahler und Rentner gleichermaßen annehmbar und erträglich ausfällt. Bei der notwendigen Strukturreform dürfen die Angehörigen einer Generation nicht zu Gunsten anderer übervorteilt werden.

Die Vorschläge zur Rentenreform, so wie sie zur Zeit diskutiert werden, können also danach beurteilt werden, ob sie dem Eigeninteresse des Urteilenden entsprechen und ob sie ausgewogen bzw. sozial gerecht genannt werden können. Die Aufgabe der Regierung besteht darin, die meisten Wähler zu überzeugen und eine faire Lösung zu finden. Angesichts der Erhöhung der Lebenszeit ist für alle Bürgerinnen und Bürger eine Reform des Rentensystems aus Eigeninteresse heraus dringend geboten. Die Erhöhung des Renteneintrittsalters auf 67 Jahre erscheint zumutbar, politisch aber, wie die Reaktionen auf den Stihl-Vorschlag zeigen, schwer durchsetzbar. Betrachtet man die große Zahl von Rentnerinnen und Rentnern, die beinahe zehn Jahre früher schon mit dem Arbeiten aufgehört haben, dann kann die Reformmaßnahme aus der Sicht der Beitragszahler schwerlich als ausgewogen bezeichnet werden. Die Einführung einer dritten Säule in der Altersvorsorgung, wie sie der Arbeitsminister Riester vorschlägt, erscheint zweckmäßig. Manchem Jugendlichen dürfte es allerdings schwer fallen, hier von einer fairen Lösung zu sprechen. Denn die Beitragszahlerinnen und -zahler werden ungleich schwerer belastet als die Rentnerinnen und Rentner. Das Urteil über die beiden Lösungsvorschläge wird je nach individueller Gewichtung der Urteilskriterien unterschiedlich ausfallen.

Beide Vorschläge können wegen einer Bevorzugung der Rentnerinnen und Rentner als sozial unausgewogen und daher ungerecht abgelehnt werden. Wer aber nicht nur von der eigenen Lebenslage her urteilt, sondern sich auch die Perspektive der älteren Mitbürger zu Eigen macht und deren Biographien berücksichtigt, kann zu einem gegenteiligen Urteil kommen.

Zielsetzung des Unterrichtsvorhabens

In der Unterrichtseinheit lernen die Schülerinnen und Schüler
- Grundzüge des Systems der sozialen Sicherung,
- den Generationenvertrag bzw. das Umlageverfahren als den Kern der sozialen Sicherungssysteme,
- die demographische Entwicklung als eine Ursache für das gegenwärtige Rentenproblem

kennen.

Zum anderen sollen die Schülerinnen und Schüler zwei Vorschläge zur Lösung des Rentenproblems analysieren und beurteilen. Dabei bilden sie sich im Rahmen einer Werteklärung vor allem über das Eigeninteresse und die Ausgewogenheit/soziale Gerechtigkeit ein Urteil.

Ausgehend von dieser Urteilsbildung sollen die Schülerinnen und Schüler schließlich die Schwierigkeit erkennen, für eigene Interessen einzutreten und zugleich die Interessen von anderen wahrzunehmen und für Gleichheit/ (soziale) Gerechtigkeit einzutreten. Über die Beschäftigung mit Vorschlägen zur Rentenreform und den damit verbundenen politischen Auseinandersetzungen hinaus (politisches Lernen) sollen die Schülerinnen und Schüler in der Unterrichtseinheit aufgefordert werden, über ihren persönlichen Umgang mit Menschen anderer Generationen nachzudenken (soziales Lernen).

Lernweg und Lernebenen

Zum Einstieg in die Unterrichtseinheit kann das Werbefernsehen bemüht werden. In einem Spot, der Anfang September 2000 ausgestrahlt wird, hält ein junger Vater überglücklich sein neugeborenes Kind im Arm. Als er es mit überschwänglichen Worten als seine zukünftige Alterssicherung preist, streckt ihm das Kind voller Ablehnung die Zunge heraus. Das ist witzig gemacht und gibt Anlass zu Fragen, die zum Kern des Unterrichtsvorhabens führen: Sind die Erwartungen des Vaters zulässig? Ist der deutliche Protest des Kindes berechtigt? Welche Interessen verfolgen Kind und Vater? Wie ist ein sozial gerechter Ausgleich zwischen diesen unterschiedlichen Interessenlagen möglich? Die Fragen sollen offen bleiben und können die Schülerinnen und Schüler bis zum Ende der Unterrichtseinheit (und darüber hinaus) begleiten. Aus den Äußerungen von Kind und Vater lässt sich aber schon jetzt der Begriff „Eigeninteresse“ herausarbeiten.

Die Unterrichteinheit beginnt mit dem sozialen Lernen und baut zugleich Brücken zum politischen Lernen. Im Mittelpunkt steht der Fall „Lasst den Alten stehen!“ (Mat. 1a). Die Schülerinnen und Schüler können sich leicht in die Sichtweise der an dem Fall beteiligten Personen hineinversetzen. Die Jugendlichen besetzen in der S-Bahn mit fröhlicher Selbstverständlichkeit die Sitzplätze, um es bequem zu haben. Ihr Verhalten ist von Eigeninteresse bestimmt. Der Erzähler ist darüber empört; er sieht sich um den Lohn für die Entbehrungen in seiner Jugend geprellt. Weil die Jugendlichen ihm keinen Sitzplatz frei machen und sich nicht wie er in der Jugend älteren Mitreisenden gegenüber verhalten, fühlt er sich ungerecht behandelt. Er sieht den Generationenvertrag (Überschrift), den er eingehalten hat, von den Heranwachsenden nicht erfüllt. Aus dem Fall heraus können die Schüler versuchen, den Begriff Generationenvertrag zu erklären. Die Gedanken und Gefühle des Erzählers lassen sich mit dem Begriff „soziale Gerechtigkeit“ in Verbindung bringen. Dass auch das Verhalten von Angehörigen der älteren Generation gegenüber ihren Kindern von Eigeninteresse bestimmt sein kann, zeigt demgegenüber der Text „Immer mehr Frauen wünschen sich eine Tochter“ (Mat. 1 b).

Um die Texte zielgerichtet auszuwerten, sollen sich die Schülerinnen und Schüler zunächst mit Hilfe von Begriffsimpulsen spontan äußern. Dadurch können die gewünschten Begriffe wie Generationenvertrag, soziale Gerechtigkeit, Eigeninteresse in den Horizont der Aufmerksamkeit gerückt werden. Die Gesprächsanlässe sind vom Gegenstand her strukturiert und verhindern das Abgleiten in eine Alltagskommunikation. Auf diese Weise vorbereitet kann die anschließende Analyse weitgehend der Kreativität der Lernenden überlassen bleiben, indem sie die Texte in ein Interview umschreiben. Die vielfältigen Einzelergebnisse müssen eingeordnet und „kontrolliert" werden, ohne die Leistungen belehrend zu klassifizieren. Dies geschieht, indem die Schülerinnen und Schüler einen Fragenkatalog zu den zentralen Begriffen lösen. Hierdurch wird ein Perspektivenwechsel vorgenommen, der eine abschließende Diskussion über den Gegenstand ermöglicht und den Lernzuwachs sichtbar macht. Das Material der Stunde ist weitgehend auf einer alltäglichen Erzählebene angesiedelt um die Lernenden „dort abzuholen, wo sie stehen". Die Aktivität der Lernenden wird aber durch die Arbeitstechniken der selbstständigen Erarbeitung auf die sozialen und politischen Gegenstände gelenkt. Vorwissen und Voreinstellungen werden so geäußert und ohne Verletzung der Intimität auf den „Prüfstand" gestellt.

Von diesen Fallbeispielen (Mat. 1) ausgehend lernen die Schülerinnen und Schüler in der zweiten Stunde den Begriff Generationenvertrag auf einer allgemeinen Ebene kennen (Mat. 2 b). Dabei werden sie auch mit dem Umlageverfahren als dem Grundgedanken der sozialen Sicherungssysteme bekannt gemacht (Mat. 2 b). Zusätzlich erhalten sie eine Vorstellung von den Sozialleistungen im Sozialstaat Bundesrepublik Deutschland (Mat. 2 a). Dies geschieht durch den traditionellen Arbeitstechniken der Textarbeit und Auswertung von Schaubildern. Vom Handlungsrahmen (System der sozialen Sicherung) geht es auf der allgemeinen Ebene über zum politischen Problem „Krise des Rentensystems" (Mat. 3). Am Beispiel der Familie Pietsch (Mat. 3 a) bekommen die Schüler exemplarisch und am Schaubild allgemein eine Ursache für die Krise vorgeführt: das Ansteigen des Durchschnittsalters der Bevölkerung. Eine weitere Ursache besteht in dem frühen Eintreten der Erwerbstätigen in den Ruhestand (Mat. 3 c). Das Rentenproblem führt zu einem Konflikt zwischen den Generationen. Die Jugend ist zornig, weil die Politik gegen die ihnen drohende Benachteiligung nichts unternimmt. Die Rentner ihrerseits sehen sich ebenfalls ungerecht behandelt (Mat. 3 d und e). Diese Gegenstände werden in einer modernen Form der Textanalyse vorgetragen und diskutiert. Die Schülerinnen und Schüler erarbeiten zunächst individuell alle Texte und bringen dieses Wissen in eine kontrovers angelegte Übung ein. Dadurch wird der Gegenstand direkt aus verschiedenen Perspektiven betrachtet und gelernt. Die politische Urteilsbildung wird vorbereitet, die Inhalte durch das anschließende Sammeln der sachlich begründeten Argumente festgehalten.

Mit der Kenntnis von der Rentenkrise, ihren Ursachen und dem Generationenkonflikt als einer der daraus entstehenden Folgen untersuchen die Schülerinnen und Schüler in einem Schritt der Konkretisierung zwei aktuelle politische Problemlösungsvorschläge: den Vorschlag des Arbeitgeberpräsidenten Stihl und die „Riester-Rente". Stihl trägt seinen Vorschlag in der Bild-Zeitung (Mat. 4 a) und dementsprechend einfach und knapp vor. Zunächst leuchtet die Problemlösung sofort ein. Die Stellungnahmen der Gewerkschaften, der FDP und des VDK (Mat. 4 b) machen deutlich, dass Stihl Interessen verfolgt und die

Gewerkschaften aus ihrer Interessenlage heraus die Maßnahme ablehnen. Kommt der Vorschlag durch, dann werden sich Jugendliche (Kommentar der FDP) und vor allem die Arbeitslosen ungerecht behandelt fühlen. Kein Gerechtigkeitsargument spricht für ihn. Mit der Zunahme der Lebensarbeitszeit wird auch die Zahl der Arbeitslosen ansteigen. Fragen wie „In wessen Interesse liegt der Stihl-Vorschlag?", „Was bedeutet sozial gerecht?" und „Wem erscheint der Vorschlag sozial gerecht?" führen zu Kontroversen. Die Lernenden können sich mit ihnen in einer vorbereitenden Hausaufgabe auseinander setzen. Die im ausgewählten Material angelegte Kontroversität ermöglicht eine amerikanische Debatte, in der die eine Gruppe Pro-Argumente und die andere Contra-Argumente sucht, um sie in einer strukturierten Diskussion auszutauschen und zu verlebendigen. Anschließend können die Ergebnisse der Schülerdiskussion im Hinblick auf die verwendeten Urteilskategorien untersucht und zielgerichtet systematisiert werden.

Der Artikel der Süddeutschen Zeitung (Mat. 5) für die vierte Stunde enthält den Grundgedanken der Riester-Rente. In Zukunft sollen die Erwerbstätigen Beiträge für das staatliche Rentensystems leisten und zusätzlich für ihre Versorgung im Alter in einem kapitalgedeckten System sparen. Im Alter bekommen sie dann aus der staatlichen Rente und der kapitalgedeckten Rente Beiträge ausbezahlt. Wieder stellt sich die Frage, ob dieser Vorschlag ausgewogen ist und daher sozial gerecht genannt werden kann. Die Schüler beurteilen beide Vorschläge mit den Kriterien „Eigeninteresse" und „soziale Gerechtigkeit" und erarbeiten dazu Begründungen.

Folgender *Argumentehaushalt* wird im Text bereits angeboten:

Eigeninteresse	***Soziale Gerechtigkeit***
Einschnitte sind notwendig, aber schmerzhaft; jeder, der eine Rente bekommen möchte, muss aus Eigeninteresse heraus für eine Reform eintreten	Einschnitte sind nicht gerecht; Lasten tragen die heute noch Jüngeren, geschont werden die Älteren; gerecht wird Reform erst mit weiteren Strukturveränderungen; Praxis des Vorruhestandes und Lösung von Arbeitsmarktproblemen über die Rentenversicherung sind ungerecht.

In der Wertediskussion kann dieser vorgefundene Argumentehaushalt ergänzt werden durch die Eigenbeiträge der Schülerinnen und Schüler. Die Urteilsbildung der Lernenden soll gefördert und angeregt werden durch die Anwendung der beiden Kriterien. Dies geschieht in explorativer, nicht vorschreibender Weise. Unterschiedliche Positionen und Interessen sowie die Handlungsmöglichkeiten der Politik können am besten in einem Stuhlkreis diskutiert und bewertet werden. Die Auswirkungen von Macht kommen in den Blick. Das aktivierende Positionenspiel am Schluss der Erörterungen dient noch einmal der Vergegenwärtigung der Argumente, die politisch bedeutsam sind. Die/der Lehrende muss die Positionen vorher ausgearbeitet und im Verlauf der Wertediskussion überprüft und ergänzt haben. Die Schülerinnen und Schüler sind hier als demokratische Bürger gefordert; sie machen die Wirkung einzelner Argumente sichtbar. Das individuelle Urteil wird relationiert erlebt.

In der letzten Stunde können sie zu den Möglichkeiten einer politischen Beteiligung Stellung nehmen (Mat. 6). Der Bundespräsident fordert erwartungsgemäß dazu auf, sich zu beteiligen und einzumischen. Diese moralisierende Botschaft soll durch die aktivierende Arbeitstechnik der Spinnwebanalyse versachlicht werden, indem die Schülerinnen und Schüler aus ihrer Perspektive die Ursachen für das Ausmaß der Beteiligung Jugendlicher an der Rentendiskussion untersuchen. Die selbstständige Analysearbeit zeigt das Beziehungsgeflecht von Ursachen und Wirkungen noch einmal auf. Über die Folgen der Rentendiskussion können sie abschließend individuell in einem „Brief an mich" urteilen. Der Brief dient darüber hinaus gleichsam der Selbstkontrolle über den Wissenszuwachs und die gestiegene Urteilskompetenz.

1. Stunde

Thema: „Generationenvertrag" – was geht das mich an?

Ziel der Stunde: Die Schülerinnen und Schüler sollen über das von Eigeninteressen geprägte Verhältnis von Jung und Alt und über einen sozial gerechten Ausgleich zwischen den Generationen im Sinne eines Generationenvertrages nachdenken.

Unterrichtsschritte	***Arbeitstechniken***	***Materialien***
Beschreibung eines Werbespots durch die Schülerinnen und Schüler	Analyse	Werbespot
Erlebnisse in Bus und Bahn	Assoziationen zum Inhalt äußern mit Hilfe von Begriffsimpulsen („Wenn ich an einen Behinderten im Bus denke…" usw.)	Mat. 1a
Analyse eines Fallbeispiels	Aus dem Text ein Interview machen; Schüler befragt einen 60-Jährigen.	
Klärung der Begriffe „Soziale Gerechtigkeit" und „Generationenvertrag"	Auswertung eines Fragenkatalogs als Gruppenarbeit (Gugel 1997, 175 ff.); Diskussion	

2. Stunde

Thema: Ist das Rentensystem sozial gerecht?

Ziel der Stunde: Die Schülerinnen und Schüler werden informiert über das Umlageverfahren im Sinne eines Vertrages zwischen den Generationen als Kern des Rentensystems. Sie sollen das Rentenproblem und Ursachen dafür kennen lernen. Die Diskussion soll den Begriff „Soziale Gerechtigkeit“ vertiefen.

Unterrichtsschritte	***Arbeitstechniken***	***Materialien***
Beschäftigung mit den Systemen der Sozialen Sicherung	Informationen aus Schaubildern und Texten gewinnen	Mat. 2 a, b; 3 b
Probleme bei der Umsetzung des Ziels „Soziale Gerechtigkeit“ in den Rentenversicherungen	Streitlinien (Gugel 1997, 155 f.): Linie A vertritt die Position, „Der Generationenvertrag ist nicht gerecht, weil er die Rentner bevorzugt.“ Linie B vertritt die Position „Der Generationenvertrag ist gerecht, weil die Älteren viel länger gearbeitet haben.“	Mat. 3
Auswertung der Übung	Argumente sammeln	Tafel

3. Stunde

Thema der Stunde: „Die Erhöhung des Renteneintrittsalters“ – Provokation oder berechtigter Problemlösungsvorschlag?

Ziel der Stunde: Die Schülerinnen und Schüler analysieren und beurteilen einen Problemlösungsvorschlag. In einem Schritt der Abstraktion sollen sie „Soziale Gerechtigkeit“ und „Eigeninteresse“ als Kategorien zur Beurteilung der Reform des Rentensystems herausarbeiten.

Unterrichtsschritte	***Arbeitstechniken***	***Materialien***
Das BILD-Interview mit Arbeitgeber-Präsident Stihl und die Gegenposition anderer Akteure. Vorbereitung in Pro- und Contra-Gruppen.	Amerikanische Debatte (Gugel 1997, 169 ff.)	Mat. 4
Herausarbeitung der dabei verwendeten Urteilskategorien (Eigeninteresse und Soziale Gerechtigkeit)	Erstellen von Antwort-Tabellen zu den zwei Urteilskategorien	Tafel
Hausaufgabe	Fünf-Schritt-Lese-Methode Text überfliegen Worum geht es? Text gründlich lesen Abschnitte zusammenfassen Vortrag zu den wichtigsten Informationen des Textes	Mat. 5

4. Stunde

Thema der Stunde: „Der Riester-Plan" – die bessere Alternative?

Ziel der Stunde: Die Schülerinnen und Schüler analysieren und beurteilen den „Riester-Plan". Von hier aus beginnen sie allgemein über „Gerechtigkeit" nachzudenken. Dabei sollen sie erkennen, warum es für die „Politik" so schwierig ist Probleme ausgewogen und sozial gerecht zu lösen.

Unterrichtsschritte	***Arbeitstechniken***	***Materialien***
Der Vorschlag von Arbeitsminister Riester	Schülervorträge	Mat. 5
Welche Lösung ist gerecht?	Wertediskussion (Weißeno 2000)	
Auswertung und Sichtung der Argumente	Unterrichtsgespräch	
Welche Lösung würde ich als Politikerin oder Politiker bevorzugen?	Positionenspiel (Gugel 1997, 156 f.)	
Hausaufgabe	Fünf-Schritt-Lese-Methode	Mat. 6

5. Stunde

Thema der Stunde: Soll ich mich an der Diskussion um die Rentenreform beteiligen?

Ziel der Stunde: Die Schülerinnen und Schüler sollen sich Gedanken zu den Ursachen der geringen Beteiligung an öffentlichen Diskussionen allgemein und speziell zur Rentenreform machen. Sie sollen prüfen, ob sich politische Beteiligung lohnt, ob sie sich beteiligen wollen und können bzw. warum sie sich nicht beteiligen.

Unterrichtsschritte	***Arbeitstechniken***	***Materialien***
Warum beteiligen sich so wenige Jugendliche an den politischen Diskussionen um die Rentenreform?	Umsetzung der Hausaufgabe mit einer Spinnwebanalyse (Gugel 1997, 186 ff.)	Mat. 6
Die Schülerinnen und Schüler schreiben einen Brief an sich selbst. Sie beschreiben, was sie gelernt haben und was sie davon umsetzen wollen. Der Brief wird von einem Mitschüler abgeschickt.	Brief an mich	Briefpapier, Umschlag, Briefmarke

14. Materialien für die Unterrichtseinheit

Mat. 1 Generationenvertrag

Mat. 1 a
Lasst den Alten stehen!
Sentimentale Anmerkungen zum Generationenvertrag/von Ernst Augustin

Oh ja, wir hatten eine schwere Zeit damals, die Züge waren voll, die Bahnstrecken lang und dunkel, Aufenthalt in Gräfenschotter nicht unter einer halben Stunde. Außerdem war Nachkriegszeit, und alle waren wir schwach, wir Kinder, voller Hoffnung nichtsdestoweniger, eine gnädigere Zukunft betreffend.

Denn wie zum Beispiel gestaltete sich der tägliche Schulweg – schwach, wie wir waren – zwei Stunden mit dem Lokalzug? Sechs Fahrschüler waren wir, und voller Hoffnung saßen wir auf den gekehlten Holzbänken, bis zur ersten Station. Aber dann stiegen sie ein, die Alten, ...

Ich weiß gar nicht, wie alt die Alten waren, vielleicht 50, oder noch nicht einmal 50. Jedenfalls standen wir auf und ließen die Alten sitzen, voller Hass natürlich, aber doch einer nach dem anderen....

Ich glaube, in all den Jahren bis zur mittleren Reife war es mir höchstens ein Dutzend Mal gelungen, mich ganz nach Schwerin durchzusitzen. Aber immer mit der wahnwitzigen Hoffnung, ja eigentlich mit der Gewissheit, dass eines Tages, eines unerhört satten und behäbigen Tages auch mir Platz gemacht werden würde, sozusagen als Belohnung für geleistete Dienste. Für schweres und schwerstes Stehen ....

Lange genug hatte ich nun darauf gewartet, ein ganzes Leben lang, wenn man will, mit dem Auf und Ab, Gewinn und Verlust. An dem Tag, da ich endlich meine eigenen 60 umrundete, war es soweit. Um 7. 30 Uhr bestieg ich die S-Bahn in Gräfelfing, und da saßen sie, die Fahrschüler! Durchgehend acht bis neun Jahre alt, eine ganze Klasse, hielt den Wagen bis auf den letzten Platz besetzt, alles nette saubere Jungen. Also trat ich ein wenig näher und sah den einen und den anderen und noch einen anderen bedeutungsvoll an! Immerhin auf den Schlag 60 Jahre alt und voller Erwartung! Aber niemand stand auf ...

An diesem Tag – ich muss es leider aussprechen – verlor ich mein Weltbild, man versteht, es war wie eine innere Verletzung, die ich davontrug. Ach ja, das habe ich noch vergessen, auf der nächsten Station – nachdem ich mir die Beine in den Bauch gestanden hatte –, stieg ein endgültig altes Männlein ein. Mindestens 80 Jahre krumm: Stand jemand auf? Irgend jemand von den Fröhlichen wie auch Ernsten? Überhaupt irgend jemand? ...

Der Autor ist Schriftsteller und lebt in München.
Aus: Süddeutsche Zeitung, 25.8.2000, S. 13

Mat. 1 b

Immer mehr Frauen wünschen sich eine Tochter

Studie: Von Mädchen versprechen sich Mütter im Alter einen doppelten Nutzen – emotionalen Zuspruch und materielle Versorgung.

Münster, im August. Die Zeiten, in denen sich Frauen in Deutschland in erster Linie einen Sohn gewünscht haben, sind vorbei. Das ist das Ergebnis einer Studie des Max-Planck-Instituts für demographische Forschung in Rostock, in deren Rahmen das reproduktive Verhalten von 5854 Frauen, die zwischen 1892 und 1978 geboren wurden, untersucht wurde. Für die Zukunft sagt die Autorin Hilke Brockmann voraus: „Immer mehr Frauen werden wahrscheinlich eine einzige Tochter bekommen." Entscheidend dafür, dass sich die Präferenzen gewandelt haben, sind nach Ansicht Brockmanns die Verbesserung der wohlfahrtsstaatlichen Versorgung nach dem Ende des Zweiten Weltkriegs und die damit einhergehende bessere materielle Absicherung der älteren Bevölkerung. Damit sei zunächst die Rolle des Sohnes als „Ernährer" seiner betagten Eltern obsolet geworden. Wichtig geworden sei stattdessen die emotionale Befriedigung, die Eltern durch ihre Kinder erführen – und diese emotionale Befriedigung ermöglichten ihnen vor allem die Töchter. In den vergangenen Jahrzehnten stieg zudem die Zahl der berufstätigen Frauen. Diese Töchter, so Brockmann, könnten ihre Eltern nicht nur emotional, sondern notfalls auch materiell versorgen. Obwohl Frauen durch Haus- und Erwerbsarbeit zweifach belastet seien, erhofften sich die Eltern von ihnen also einen doppelten Gewinn.

Aus: Frankfurter Allgemeine Zeitung, 24.8.2 000, S. 13

Mat. 2
Soziale Sicherung

Mat. 2 a: Bausteine der sozialen Sicherung

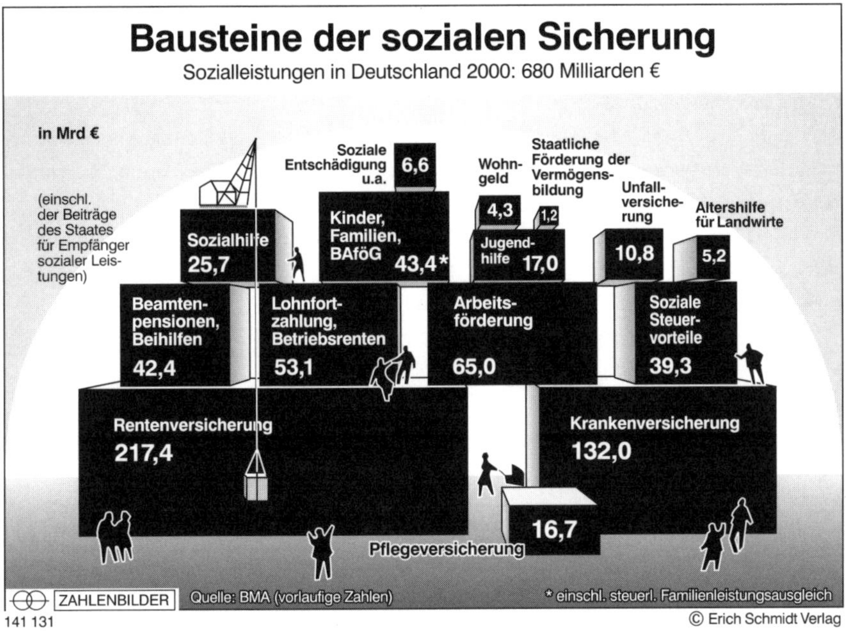

Mat. 2 b:
Das Umlageverfahren

Die Finanzierung der deutschen Sozialversicherungen basiert auf dem Umlageverfahren. Die laufenden Beitragseinnahmen werden genutzt, um die laufenden Versicherungsleistungen zu zahlen. Die Renten der Älteren werden aus den Beiträgen der Arbeitenden geleistet (Generationenvertrag). In allen Sozialversicherungen bestimmt der Staat durch eine Fülle von Detailregeln maßgeblich die Leistungsstandards.

Aus: Bundeszentrale für politische Bildung (Hrsg.): Soziale Marktwirtschaft. Arbeitshilfe für die politische Bildung. Bonn 1997, S. 54

Mat. 3
Die Krise des Rentensystems

Mat. 3 a:
Einer für alle

Bei Familie Pietsch zahlt nur Holger, 34, Beiträge in die sozialen Kassen. Sein Vater Günter, 65, und Großvater Fritz, 96, sind Ruheständler. Wie die Altersvorsorge für Sohn Finn, 3, einmal aussehen wird, ist ungewiss.

Vater Günter, 65: „Manchmal habe ich ein schlechtes Gewissen, wenn ich sehe, wie sich mein Sohn abstrampelt, um über die Runden zu kommen. Der Generationenvertrag ist pervertiert."

Holger, 34: „Ich neide meinem Vater und Großvater ihre Renten nicht. Aber ich kann nur noch mit einer Grundrente rechnen. Um meine Altersversorgung muss ich mich selbst kümmern."

Aus: STERN 24/8.6.2000, S. 164 f.

Mat. 3 b

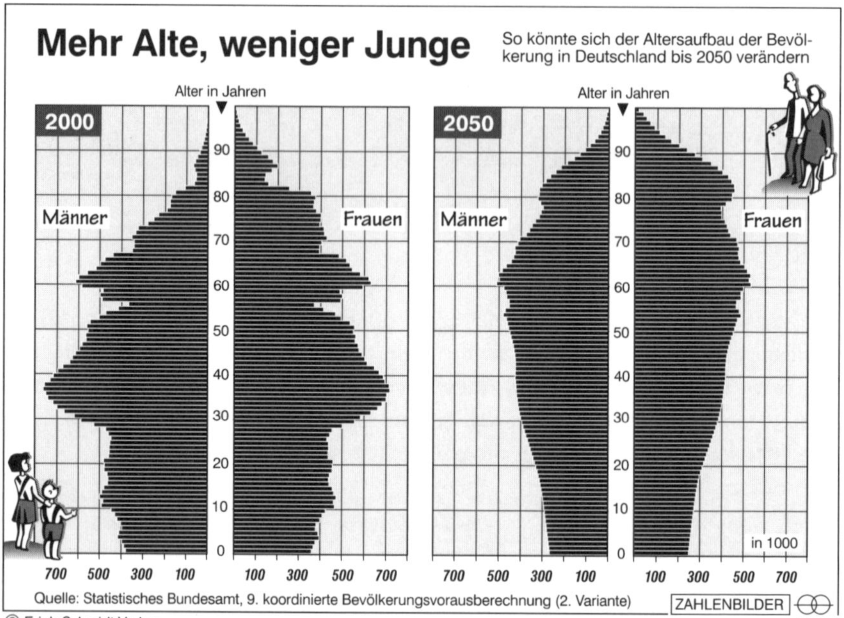

© Erich Schmidt Verlag

20 125

Mat. 3 c

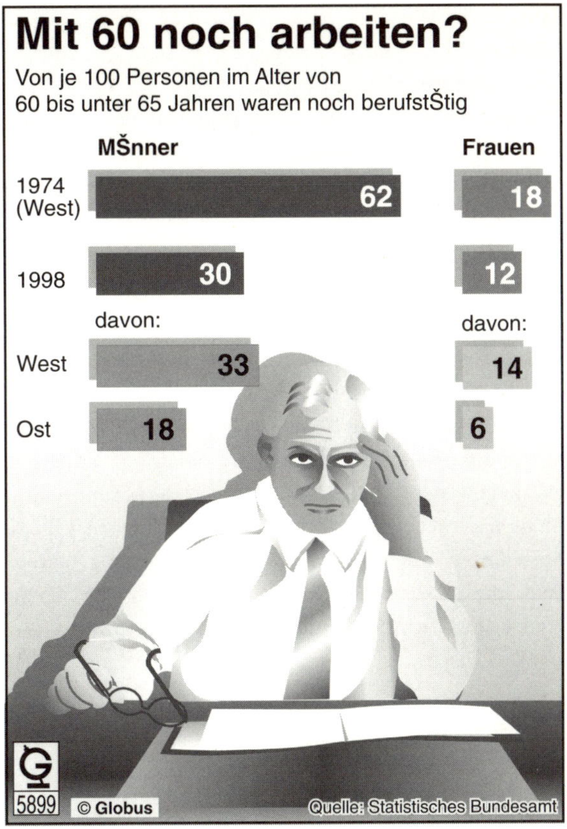

Mat. 3 d

Zornige Jugend

Was Jugendliche zwischen 15 und 24 Jahren über den Konflikt der Generationen denken:

84% Wir leiden in Zukunft unter den Fehlern der heutigen Politik.

71% Die Politik spart dort, wo es um die Zukunftschancen der Jugend geht.

69% Unsere Zukunft wird durch die Politik der Erwachsenen verbaut.

56% In der Politik spielt die Zukunft der jungen Generation keine Rolle.

54% Die Erwachsenen denken nur an die eigenen Interessen, die Zukunft der Jugend ist ihnen egal.

Quelle: Psydata/Shell – Jugendstudie 2000
aus: STERN 24/8.6.2000, S. 166

Mat. 3 e

Leserbriefe

Diese Rentenerhöhung war das Letzte

Wir Rentner sind mal wieder die Dummen, denn diese Rentenerhöhung im Juli war das Letzte. Hat man vergessen, wer das Land aufgebaut hat? Hoffentlich hält Herr Schröder diesmal sein Wort in punkto Rentenerhöhung. Aber man kann viel versprechen, Papier ist geduldig.

Christa Pape, Braunschweig (Braunschweiger Zeitung, 31.8.2000)

Auf Kosten der Rentner

Man muss sich vorstellten, dass heutige Rentner oft an die 50 Jahre gearbeitet haben. Und das früher bei einer 48-Stunden-Woche für einen Lebensstandard, der noch weit unter dem heutiger Sozialhilfeempfänger lag. Es gab zwei Wochen Jahresurlaub, den viele noch nicht mal genommen haben, weil sie das Geld dringend für ihre Familien brauchten. Denn es wurde ja weder Urlaubs- noch Kindergeld gezahlt. Und man rannte jeder Überstunde hinterher, um ein bisschen besser leben zu können. Olle Kamellen, ich weiß! Darum nur noch dies: Würde man die Lebensarbeitszeit vieler Rentner in Stunden ausrechnen, käme eine Summe zusammen, die keiner der heutigen Schulabgänger auch nur annähernd erreichen wird. Dafür können die natürlich nichts. Es muss aber in dem Zusammenhang erwähnt werden.

Peter Liebscher, Bortfeld (Braunschweiger Zeitung, 31.8.2000)

Mat. 4
Der Vorschlag von Arbeitgeber-Präsident Stihl

Mat. 4 a:

Arbeitgeber-Präsident Stihl:

Wir müssen bis 67 arbeiten

Bild-Interview mit dem Präsidenten des Deutschen Industrie- und Handelstages (DIHT), Hans Peter Stihl (68).

Von Verena Müller

Stihl: ... Wir brauchen endlich eine Rentenreform, die über den Tag hinaus Bestand hat.

Bild: Konkret?

Stihl: Bei steigender Lebenserwartung gehen immer mehr Menschen immer länger in Rente. Gleichzeitig nimmt die Zahl der Beitragszahler ab. Das kann die Rentenkasse auf Dauer nicht verkraften. Wenn der Generationenvertrag auch künftig Bestand haben soll, kommen wir nicht daran vorbei, die gesetzliche Lebensarbeitszeit zu verlängern. Ich schlage deshalb vor, das Renteneintrittsalter auf 67 Jahre anzuheben. Aber schon jetzt sollte dafür gesorgt werden, dass mehr Menschen bis 65 arbeiten. Das würde die Rentenkasse spürbar entlasten.

Aus: BILD, 22.8.2000, S. 2

Mat. 4 b
Gewerkschaften gegen höheres Eintrittsalter

Hamburg (dpa/ap). Auf scharfe Kritik stößt der Präsident des Deutschen Industrie- und Handelstages (DIHT), Hans-Peter Stihl, mit seiner Forderung, das Renteneintrittsalter auf 67 Jahre zu erhöhen. Eine Verlängerung der Lebensarbeitszeit komme für die IG Metall nicht in Frage, erklärte eine Gewerkschaftssprecherin. „Wir sind froh, dass tarifvertraglich durchgesetzt ist, dass es in ein paar Jahren keinen Metaller mehr geben wird, der über 60 noch arbeitet.“ Die Rentenreform müsse sozial gerecht sein, „also Arbeitnehmer und Arbeitgeber gleichermaßen belasten“. Stihls Vorschlag gehe einseitig zu Lasten der Beschäftigten.

Widerspruch erntet Stihl auch vom FDP- Vorsitzenden Wolfgang Gerhardt. Statt das Renteneintrittsalter anzuheben, solle dafür gesorgt werden, dass „die Menschen früher ins Arbeitsleben eintreten“, sagt Gerhardt. Der Präsident des Sozialverbandes VDK, Walter Hirrlinger, betont, bei 3, 7 Millionen Erwerbslosen sei eine Verlängerung der Lebensarbeitszeit „eine Illusion“.

Aus: Frankfurter Rundschau, 23.8.2000, S. 10

Mat. 5
Der Vorschlag von Arbeitsminister Riester

Gerechtigkeit den Generationen

Von Nikolaus Piper

Riesters Reform bedeutet auf jeden Fall einen tiefen Einschnitt in die Geschichte des bundesdeutschen Sozialstaats, einen klaren Systembruch. Wenn seine Wirkung voll zum Tragen kommt, im Jahre 2030, wird die Rente bei jemandem, der sein ganzes Erwachsenenleben lang Beiträge gezahlt hat, nur noch knapp 61 Prozent (statt 70 Prozent) des vorherigen Nettoeinkommens ausmachen; viele Rentner werden dann in die Nähe der Sozialhilfe rutschen, es sei denn, sie bilden zusätzlich Vermögen: Das ist dann der neue, kapitalgedeckte zweite Teil des Rentensystems. (...)

Er (Riester) hat sich dem Grundproblem gestellt: Weil das Durchschnittsalter der Bevölkerung steigt, muss im Jahre 2030 statistisch ein Erwerbstätiger einen Ruheständler unterhalten. Ohne Reform werden dann entweder die Beiträge unerträglich hoch oder die

Renten unerträglich niedrig – oder beides. Je früher die Reformen begonnen werden, desto weniger schmerzen sie. Diese Erkenntnis in den eigenen Reihen durchgesetzt zu haben, ist Walter Riesters größtes Verdienst.

Zwei Fragen stellen sich jetzt: Sind die Einschnitte nötig und sind sie gerecht? Einwände gibt es viele, besonders in den Gewerkschaften. (...) Das Grundproblem bleibt: Die gesetzliche Rentenversicherung bildet seit der Reform von 1957 keinen Kapitalstock mehr; die Arbeitnehmer finanzieren direkt die jeweilige Rentnergeneration. So ein Umlagesystem funktioniert wunderbar, wenn die Zahl der Beitragszahler steigt, bei schrumpfender Bevölkerung gerät es in die Krise. (...)

Zu vertreten ist das ganze System aber nur, wenn es einigermaßen gerecht ist. Und hier liegen die größten Mängel von Riesters Reform: Deren Lasten tragen ausschließlich die heute noch Jüngeren. Geschont werden dagegen alle Jahrgänge, die bis 2020 in Rente gehen. Dafür gibt es eine Reihe von Begründungen: Nur die Jüngeren hätten noch Zeit, ausreichend zu sparen; außerdem hätten sie es ja nicht besser verdient, schließlich schüfen sie ja durch ihre Weigerung, genügend Kinder zu bekommen, das ganze Problem erst.

Beide Argumente ziehen nicht: Eine Generation ist kein Kollektiv, das man als Ganzes zur Verantwortung ziehen kann; solange die Altersversorgung staatlich organisiert ist, müssen Lasten gesamtgesellschaftlich gerecht austariert werden. Und das Armutsrisiko ist heute unter jungen Familien um ein Vielfaches höher als unter Rentnern. Der richtige Weg wäre es gewesen, früher mit dem Abbau des Rentenniveaus zu beginnen und die Beiträge noch einmal zu senken. (...)

Jahrelang wurden, ein weiterer Faktor der Ungerechtigkeit, Probleme des Arbeitsmarktes über die Rentenversicherung gelöst, vor allem über das Instrument des Vorruhestandes. Ein Gebot der Gerechtigkeit wäre es, den Trend umzukehren. Die Rente mit 67 ist ein durchaus vernünftiger Vorschlag, vielleicht nicht heute, aber schon in wenigen Jahren. Dass die Lebenserwartung dank besserer Medizin immer mehr steigt, ist schließlich ein Geschenk für jeden. Warum dieses Geschenk in eine Last für die Jungen verkehren?

Aus: Süddeutsche Zeitung, 26.8.2000, S. 4

Mat. 6
Jugendliche sollen sich einmischen

„Wer politisch nicht handelt, der wird behandelt" – Gespräch mit Bundespräsident Johannes Rau

Tatjana Menge: Wir kennen ziemlich viele Gleichaltrige, darunter auch Gymnasiasten, die wirklich nicht wissen, wer der Bundespräsident ist, geschweige denn, was er tut. Welche Fragen hätten Sie an diese Jugendlichen oder auch allgemein an Jugendliche?

Johannes Rau: Ich würde Jugendliche gern fragen, ob sie sich einmal überlegt haben, dass derjenige, der politisch nicht handelt, behandelt wird, und dass der, der nicht mitwirkt, weil er Schulterzucken für die lebhafteste aller denkbaren Bewegungen hält, dass der sich nicht wundern darf, wenn er manipuliert wird. Wenn ihm bestimmte Berufe nicht offen stehen, wenn ihm bestimmte Entwicklungen nicht geboten werden, muss er sich schon einsetzen. Politik ist nicht mehr, als sich in die eigenen Angelegenheiten einzumischen. Dazu rate ich jungen Menschen.

Aus: Jugend schreibt. Zeitung in der Schule mit der Frankfurter Allgemeinen Zeitung für Deutschland. In: Frankfurter Allgemeine Zeitung, 4.9.2000, S. 58

Abschließende Gedanken zur Unterrichtsplanung im Schulalltag

Wer nach dieser Vorlage eine Unterrichtseinheit plant, genauer gesagt, im Rahmen des Studiums oder des Referendariats planen muss, der wird sich fragen: Welcher Lehrer oder welche Lehrerin plant denn so aufwändig im Schulalltag? Sind nicht die meisten der hier aufgeführten Planungsaufgaben für die Praxis überflüssig? Die Kritik, die in diesen Fragen anklingt, ist verständlich. Eine Unterrichtseinheit nach diesen Planungsschritten zu entwerfen ist ein zeitraubendes Geschäft. Aber: Je gründlicher die angehende Lehrerin oder der angehende Lehrer sich dabei in den Denkprozess „Planung" einarbeitet, desto müheloser und schneller wird sie/er später den Unterricht vorbereiten. Im Planungsprozess erwirbt sie/er die Fähigkeit, in kurzer Zeit gedanklich eine für die Lernenden interessante, das soziale oder politische Lernen fördernde und eine methodisch anspruchsvolle Unterrichtseinheit zu entwerfen.

Im Folgenden soll darauf hingewiesen werden, dass keiner der aufgeführten Planungsabschnitte entbehrlich ist, die meisten von ihnen sich aber rasch und ohne großen Aufwand durchführen lassen. Wer mit den Modulen der Planung so oft gearbeitet hat, dass er sie beherrscht, durchdenkt sie im Alltag in immer kürzerer Zeit. Die Übung und Erfahrungen eines professionell Handelnden verkürzen den Planungsprozess ohne Qualitätsverlust immer mehr. Die Mühen mit Planung und Plan lohnen sich.

Bei einem fachdidaktisch kompetenten und in Unterrichtsplanung erfahrenen Lehrer oder einer erfahrenen Lehrerin sind zwei Voraussetzungen von vornherein gegeben:

1. Der Lehrer oder die Lehrerin kennt die Unterrichtsbedingungen in der Klasse. Bei allen Planungsschritten hat er/sie ständig die Schülerinnen und Schüler, ihre Stärken und Schwächen, ihre Vorlieben, ihre Einstellungen und Interessen vor Augen. Dies bezieht er/sie in alle Überlegungen und Entscheidungen mit ein.
2. Die Lehrerin oder der Lehrer stellt ständig die Verbindung zwischen der im Kopf entstehenden Unterrichtseinheit und den allgemeinen Zielen des Politikunterrichts her.

Politikdidaktische Perspektiven werden nicht am Schreibtisch entwickelt. Der gedankliche Prozess findet lange vor Beginn der Unterrichtseinheit z.B. beim Zeitungslesen, während des Spaziergangs oder auf dem Gang zur Schule statt. Wer die lebensweltorientierten Grundintentionen, die drei Dimensionen des Politischen und den Politikzyklus als Suchinstrumente verstanden hat, für den stellt es eine Herausforderung dar, ständig en passant aktuelle Vorgänge in Themen für zukünftige Unterrichtsvorhaben umzudenken.

Es lohnt sich, die Bildung von vorläufigen Themen gemeinsam mit anderen durchzuführen. Entwickeln in einem Seminar der Ausbildung oder Lehrerfortbildung die Teilnehmer politikdidaktische Perspektiven, so ist es immer wieder erstaunlich, wie viele teilweise verblüffende Vorschläge bei einem neuen Gegenstandsbereich zustande kommen.

Für die Bildung von politikdidaktischen Perspektiven sind nicht zuletzt die Unterrichtsmedien ausschlaggebend, die der Lehrerin bzw. dem Lehrer zur Verfügung stehen. Besitzt sie/er einen geeigneten Fall, dann denkt sie/er die Planung vom Konkreten aus. Kann sie/er den politischen Inhalt eines Textes einer Phase des Politikzyklus oder dem politischen Handlungsrahmen zuordnen, dann muss sie/er „nur" noch entscheiden, welche Analysekategorien und Urteilskriterien sie/er im Unterricht in Fragen umwandeln möchte. Nun wird noch geprüft, wann eine Generalisierung gewagt und ob eine Ausweitung auf ein globales Problem angestrebt werden soll. Die Lehrerin oder der Lehrer überlegt sich, wie er den Unterricht abwechslungsreich und möglichst handlungs- bzw. schülerorientiert gestalten kann.

Alle diese Überlegungen werden nur gedanklich durchgeführt. Der schriftliche Plan beschränkt sich im Schulalltag auf die Formulierung von Arbeitsaufgaben, Stichpunkten und Fragen, die an den Gelenkstellen des Unterrichts, also z.B. beim Übergang vom Fallbeispiel zur allgemeinen Lernebene wichtig erscheinen. Diese Punkte am Schreibtisch vorzuformulieren, lohnt sich selbst dann, wenn man sie im Unterricht nicht benutzt. Je gründlicher der Lehrende darüber nachgedacht hat, desto flexibler kann er im Unterricht auf Schülerbeiträge eingehen und daraus spontan weiterführende Fragen bilden.

Trotz aller Beteuerungen, Politikunterricht könne von einem kompetenten Lehrenden im Schulalltag rasch durchdacht werden, muss doch festgestellt werden, dass auch die Alltagsplanung Ansprüche stellt. Lohnt sich der Aufwand? Ist es nicht viel bequemer, das Kurzzeitgedächtnis der Lernenden mit abfragbarem Stoff voll zu stopfen oder einfach irgendwelche Texte zum Themenbereich in den Unterricht reinzugeben und zu besprechen? Die Reaktion der Schülerinnen und Schüler auf einen solchen Unterricht beantwortet diese Fragen. Zu Recht verhalten sie sich gelangweilt, unlustig und mit Ablehnung. Ein Politikunterricht aber mit aktuellem sozialen und politischen Inhalt, der den Jugendlichen Gelegenheit zum selbstständigen Denken und Handeln eröffnet, findet ihre Anerkennung. Beurteilen Lehrende und Lernende aktuelle Vorgänge, deren Ausgang niemand kennt, unterschiedlich und diskutieren sie gleichberechtigt darüber mit Engagement, Sachkenntnis und auch mit Humor, dann können sich demokratische Lebensformen in der Klasse entfalten.

Vor einer falschen Erwartung muss an dieser Stelle gewarnt werden. „Guter" Politikunterricht hängt nicht allein von der Planung, sondern entscheidend auch von der Person der Lehrerin oder des Lehrers und deren/dessen Verhalten im Unterricht ab. Die Einheit kann noch so gut geplant sein, tritt der Lehrende ohne Engagement auf, zeigt er nicht sein

„leidenschaftliches" Interesse an Politik, dann wird trotz aller Planungskunst der Funke nicht auf die Klasse überspringen.

Politikunterricht, der Heranwachsende auf die Wahrnehmung ihrer Bürgerrolle in der Demokratie vorbereitet, zeichnet sich durch bestimmte Regeln aus. Im Einhalten von Umgangsformen (ausreden lassen, zuhören, den anderen respektieren, für die Rechte des anderen eintreten), in der eigenständigen, von der Lehrerin oder dem Lehrer und Mitschülern unabhängigen Beurteilung der Vorgänge, aber auch bei der gemeinsamen Planung zeigt sich die Gleichberechtigung von Lehrenden und Lernenden. Löst „gut" geplanter Politikunterricht eine intensive Beschäftigung mit aktuellen politischen Vorgängen aus und beweisen dabei Lehrende und Lernende mit dem Einhalten von Regeln und im fairem Umgang miteinander ihre gegenseitige Wertschätzung, dann lohnt dieses Erlebnis die Mühen einer ausführlichen Unterrichtsplanung in der Ausbildung. Achten Lehrende und Lernende gemeinsam darauf, dass niemand dominiert und auch die weniger denk- und ausdrucksstarken Teilnehmer gleichberechtigt zu Wort kommen, dann erreicht der Unterricht eine Qualität, die für alle bereichernd ist. Die Heranwachsenden werden in ihrem Selbstbewusstsein gestärkt; sie machen die Erfahrung, dass ihre Meinung, ihr Urteil ernst genommen wird. Sie finden Anerkennung und agieren als Subjekte, als Staatsbürger in der Demokratie.

Literaturverzeichnis

Ackermann, Paul u.a. 1994: Politikdidaktik kurzgefasst, Planungsfragen für den Politikunterricht. Schwalbach/Ts.

Ackermann, Paul 1998: Die Bürgerrolle in der Demokratie als Bezugsrahmen in der politischen Bildung. In: Breit/Schiele, S. 13-34

Ackermann, Paul 1998: Bürgerhandbuch. Schwalbach/Ts.

Bommes, Michael u.a. 1996: Sozialwissenschaften und Lehramt. Der Umgang mit sozialwissenschaftlichen Theorieangeboten in der Lehrerausbildung. Opladen

Breit, Gotthard 1991: Lassen sich Herausforderungen verstehbar und erfahrbar machen? In: Bernhard Claußen/Walter Gagel/Franz Neumann (Hrsg.): Herausforderungen – Antworten. Politische Bildung in den neunziger Jahren. Festschrift für Wolfgang Hilligen. Opladen, S. 299-312

Breit, Gotthard 1991: Mit den Augen des anderen sehen. Eine neue Methode zur Fallanalyse. Schwalbach/Ts.

Breit, Gotthard 1992: Unterrichtsplanung zum Thema „Der Streit um das Asylrecht (Art. 16 II 2 GG) im Herbst 1991". In: Politische Bildung 2/1992, S. 73-87

Breit, Gotthard 1995: Planung von Politikunterricht: Wie kommt das Politische in den Unterricht? In: Massing/Weißeno, S. 99-131

Breit, Gotthard 1996: Lernziel: Politik im Alltag entdecken – Zur Analyse von Fall-Beispielen im Politikunterricht. In: Gotthard Breit/PeterMassing (Hrsg.): Lebenswelt und Politik. Schwalbach/Ts., S. 76-108

Breit, Gotthard 1997a: Problemorientierung. In: Sander, S. 63-79

Breit, Gotthard 1997b: Fragen zur politischen Urteilsbildung. In: Massing/Weißeno, S. 134-155

Breit, Gotthard 1997c: Problemorientierung. In: Sander, S. 63-79

Breit, Gotthard 1998a: Handlungsorientierung im Politikunterricht. In: Breit/Schiele, S. 101-127

Breit, Gotthard 1998b: „Das erste steht uns frei, beim zweiten sind wir Knechte." Anmerkungen zum Planungsdenken im Implikationszusammenhang. In: Peter Henkenborg/Hans-Werner Kuhn: Der alltägliche Politikunterricht. Opladen, S. 151-168

Breit, Gotthard 1999: Didaktische Perspektive, Kategorien, Globales Lernen. In: Richter/Weißeno, S. 50-52, 120-122, 94 f.

Breit, Gotthard 2000a: Grundwerte im Politikunterricht. In: Breit/Schiele, S. 228-258

Breit, Gotthard 2000b: Der „Parteispendenskandal" im Politikunterricht – Entwicklung didaktischer Perspektiven und Aufschlüsselung des Unterrichtsinhaltes. In: Politische Bildung 2/2000, S. 79-108

Breit, Gotthard/Schiele, Siegfried (Hrsg.) 1998: Handlungsorientierung im Politikunterricht. Schwalbach/Ts.

Breit, Gotthard/Schiele, Siegfried (Hrsg.) 2000: Werte in der politischen Bildung. Schwalbach/Ts.

Breit, Gotthard 2002: Mündigkeit als Ziel des Demokratie-Lernens. In: Breit, Gotthard/Schiele, Siegfried (Hrsg.): Demokratie-Lernen als Aufgabe der politischen Bildung. Schwalbach/Ts., S. 133-159

Breit, Gotthard/Massing, Peter (Hrsg.) 2002: Die Rückkehr des Bürgers in die politische Bildung. Schwalbach/Ts.

Buchstein, Hubertus 1995: Zumutungen der Demokratie, von der normativen Theorie des Bürgers zur institutionell vermittelten Präferenzkompetenz. In: v. Beyme, Klaus/Offe, Claus (Hrsg.): Politische Theorien in der Ära der Transformation, PVS Sonderheft 26, S. 304-320

Buchstein, Hubertus 2000: Bürgergesellschaft und Bürgerkompetenz. In: Politische Bildung, Heft 4, S. 8-18

Buchstein, Hubertus 2002: Die Bürgergesellschaft – Eine Ressource der Demokratie? In: Breit/Schiele, S. 198-222

Detjen, Joachim 2000: Bürgerleitbilder in der politischen Bildung. In: Politische Bildung, Heft 4, S. 19-38
Eschenburg, Theodor 1985: Der mündige Bürger fällt nicht vom Himmel. In: Der Bürger im Staat, Heft 3, S. 239-243
Forndran, Erhard 1995: Bürger, Gemeinsinn und Verfassungsstaat. In: Politische Bildung, Heft 2, S. 51-70
Gagel, Walter 1983: Einführung in die Didaktik des politischen Unterrichts. Opladen
Gagel, Walter 1986: Unterrichtsplanung: Politik Sozialkunde. Opladen
Gagel, Walter 2000: Einführung in die Didaktik des politischen Unterrichts, 2., völlig überarbeitete Auflage. Opladen
Grammes, Tilman 1997a: Kontroversität. In: Sander, S. 80-94
Grammes, Tilman 1997b: Exemplarisches Lernen. In: Sander, S. 80-94
Grundgesetz für Einsteiger 1997: Arbeitsmappe und Lehrerheft. In: Thema im Unterricht. Bundeszentrale für politische Bildung, 3. Aufl., Bonn
Gugel, Günther 1997: Methoden – Manual I: Neues Lernen. Tausend Praxisvorschläge für Schule und Lehrerbildung. Weinheim
Heinecke, Herbert 2001: Der Bürger und das Gewaltmonopol des Staates. Unterrichtseinheit + Materialien. In: Politische Bildung, Heft 3, S. 72-95
Henkenborg, Peter 1997a: Die Selbsterneuerung der Schule als Herausforderung: Politische Bildung als Kultur der Anerkennung. In: Politische Bildung, Heft 3, S. 60-89
Henkenborg, Peter 1997b: Politische Bildung durch Demokratie-Lernen im Schulalltag. In: Sander, S. 241-257
Hilligen, Wolfgang 1985: Zur Didaktik des politischen Unterrichts, 4. Aufl. Opladen
Hilligen, Wolfgang 1987: Zur Freiheit des Lehrers im politischen Unterricht. In: Gegenwartskunde, Heft 2, S. 241-259
Hilligen, Wolfgang 1999: Kategorien als analytische Schlüsselbegriffe. In: Mickel, Wolfgang W. (Hrsg.): Handbuch zur politischen Bildung. Schwalbach/Ts., S. 157-162
Himmelmann, Gerhard/ Breit, Gotthard/ Harms, Hermann 1992: Tarifautonomie und Arbeitskampf – am Beispiel des Konflikts in der Druckindustrie 1978. Unterrichtsbeispiel für die Sekundarstufe I. In: Gotthard Breit/Peter Massing (Hrsg.): Grundfragen und Praxisprobleme der politischen Bildung. Bonn, S. 596-630
Himmelmann, Gerhard 1996: Chancen und Grenzen politischer Beteiligung und „Handlungsorientierung“ in der Politischen Bildung. In: Politische Bildung, Heft 2, S. 81-96
Himmelmann, Gerhard 1998: Das Bild des Bürgers in der politikwissenschaftlichen Theorie und in der politischen Praxis – Grundlage für die „Handlungsorientierung“ im politischen Unterricht? In: Breit/ Schiele, S. 35-61
Himmelmann, Gerhard 2001: Demokratie Lernen als Lebens-, Gesellschafts- und Herrschaftsform. Schwalbach/Ts.
Jugendwerk der Deutschen Shell (Hrsg.) 2000: Jugend 2000. Zwei Bände. Opladen
Kant, Immanuel 1964: Beantwortung der Frage: Was ist Aufklärung? In: Ders., Werke. Hrsg. von Wilhelm Weischedel, Bd. IV, Frankfurt/M., S. 52-61
Kroll, Karin 1999: Das Dogma der Authentizität – Verhindert weibliche Identität den Perspektivenwechsel? In: Kuhn/Massing, S. 171-181
Kroll, Karin 2001: Die unsichtbare Schülerin. Kommunikation zwischen den Geschlechtern im Politikunterricht. Schwalbach/Ts.
Kuhn, Hans-Werner 1999: Politikzyklus. In: Richter/Weißeno, S. 184-185
Kuhn, Hans-Werner 2001: Verschiedene Textsorten im Politikunterricht. Implikationen, Potenziale, Grenzen. In: Weißeno, S. 159-170
Kuhn, Hans-Werner/Massing, Peter (Hrsg.) 1999: Politikunterricht kategorial + handlungsorientiert. Ein Videobuch. Schwalbach/Ts.

Kuhn, Hans-Werner/Massing, Peter (Hrsg.) 2000: Methoden und Arbeitstechniken, Lexikon der politischen Bildung, Band 3, Schwalbach/Ts.

Lohmann, Georg 2000: Werte, Tugenden und Urteilsbildung. Gegenstände und Ziele von Ethikunterricht und Politikunterricht. In: Breit/Schiele, S. 202-217

Massing, Peter 1995a: Was heißt und wie ermögliche ich politische Urteilsbildung? In: Massing/Weißeno, S. 205-224

Massing, Peter 1995b: Wege zum Politischen. In: Massing/Weißeno, S. 61-98

Massing, Peter 1997: Kategorien des politischen Urteilens und Wege zur politischen Urteilsbildung. In: Massing/Weißeno, S. 115-131

Massing, Peter 1998: Handlungsorientierter Politikunterricht. Schwalbach/Ts.

Massing, Peter 1999a: Wege zu einem kategorialen und handlungsorientierten Politikunterricht. In: Kuhn/Massing, S. 5-38

Massing, Peter 1999b: Theoretische und normative Grundlagen politischer Bildung. In: Beer, Wolfgang u.a. (Hrsg.): Politische Erwachsenenbildung. Ein Handbuch zu Grundlagen und Praxisfeldern. Schwalbach/Ts., S. 21-60

Massing, Peter/Skuhr, Werner 1993: Die Sachanalyse- Schlüssel zur Planung von Politikunterricht. In: Gegenwartskunde, Heft 2, S. 241-275

Massing, Peter/Weißeno, Georg (Hrsg.) 1995: Politik als Kern der politischen Bildung. Wege zur Überwindung unpolitischen Politikunterrichts. Opladen

Massing, Peter/Weißeno, Georg (Hrsg.) 1997: Politische Urteilsbildung. Zentrale Aufgabe für den Politikunterricht. Schwalbach/Ts.

Meyer, Hilbert 1987: UnterrichtsMethoden Bd. I: Theorieband. Frankfurt/M.

Meyer, Thomas 2000: Was ist Politik? Opladen

Mietzel, Gerd 1998: Pädagogische Psychologie des Lernens und Lehrens. 5. Aufl. Göttingen

Münkler, Herfried 1997: Der kompetente Bürger. In: Klein, Ansgar/Schmalz-Bruns (Hrsg.): Politische Beteiligung und Bürgerengagement in Deutschland. Bonn, S. 153-172

Münkler, Herfried/Krause, Skadi 2002: Sozio-moralische Grundlagen der Demokratie. In: Breit/Schiele, S. 223-240

Reinhardt, Sibylle 1997: Handlungsorientierung. In: Sander, S. 105-114

Richter, Dagmar 2000: Zu Lehr-Lern-Prozessen über Vorurteile im erfahrungsorientierten Unterricht. In: Dies. (Hrsg.): Methoden der Unterrichtsinterpretation. Qualitative Analysen einer Sachunterrichtsstunde im Vergleich, München, S. 219-234

Richter, Dagmar/Weißeno, Georg (Hrsg.) 1999: Didaktik und Schule. Lexikon der politischen Bildung. Band 1. Schwalbach/Ts.

Sander, Wolfgang (Hrsg.) 1997: Handbuch politische Bildung. Schwalbach/Ts.

Schelle, Carla 1995: Schülerdiskurse über Gesellschaft. Schwalbach/Ts.

Schelle, Carla 1999: Unterrichtsforschung. In: Richter/Weißeno, S. 249-252

Schiele, Siegfried/Schneider, Herbert (Hrsg.) 1996: Reicht der Beutelsbacher Konsens? Schwalbach/Ts.

Schieren, Stefan 1998: Die Bonner Republik. Innen- und sozialpolitische Grundentscheidungen 1949-1989 – eine zwiespältige Bilanz. In: Politische Bildung, Heft 4, S. 25-41

Schmähl, Winfried 2000: Auf dem Weg zur nächsten Rentenreform in Deutschland. In: Aus Politik und Zeitgeschichte B 35-36, S. 8-21

Weinert, Franz E. (Hrsg.) 1996: Psychologie des Lernens und der Instruktion. Göttingen

Weißeno, Georg 1989: Lernertypen und Lernerdidaktiken im Politikunterricht. Ergebnisse einer fachdidaktisch motivierten Unterrichtsforschung. Frankfurt/M.

Weißeno, Georg 1993: Vorüberlegungen für eine reflexive Bedingungsanalyse. In: Sozialwissenschaftliche Informationen, Heft 2, S. 117-124

Weißeno, Georg 1995: Politiklehrerinnen und Politiklehrer. Ihre Rolle als politische Erzieher. In: Massing/Weißeno, S. 239-251

Weißeno, Georg 1996: „Was in Wissenschaft und Politik kontrovers ist, muss auch im Unterricht kontrovers dargestellt werden." Probleme bei der Umsetzung dieser Forderung. In: Schiele/Schneider, S. 107-127

Weißeno, Georg 1997a: Dilemmata des Unterrichtens – Handlungsprobleme von Politiklehrerinnen und Politiklehrern. In: Kursiv – Journal für politische Bildung, Heft 4, S. 26-31

Weißeno, Georg 1997b: Zur Problematik der Genehmigung von Abiturvorschlägen im Fach Politik/ Gemeinschaftskunde. In: Politische Bildung, Heft 3, S. 160-164

Weißeno, Georg 1998: Chancen und Risiken handlungsorientierter Methoden im Unterricht – Bericht über eine Talkshow. In: Breit/Schiele, S. 278-287

Weißeno, Georg 1999: Professionalisierung. In: Richter/Weißeno, S. 209-212

Weißeno, Georg 2000a: Werteklärung – ein neues Konzept für den Politikunterricht. In: Breit/Schiele (Hrsg.), S. 347-363

Weißeno, Georg 2000b: Wer kümmert sich eigentlich um die Menschenrechte? Politikdidaktische Rekonstruktion einer Unterrichtsskizze. In: Politische Bildung, Heft 1, S. 79-91

Weißeno, Georg 2001: Medien im Politikunterricht. In: Ders., S. 21-38

Weißeno, Georg (Hrsg.) 2001: Politikunterricht im Informationszeitalter. Medien und neue Lernumgebungen. Schwalbach/Ts.

Weißeno, Georg 2002a: Wo steht die Politikdidaktik als Wissenschaft? In: Gesellschaft für Politikdidaktik und politische Jugend- und Erwachsenenbildung (GPJE) (Hrsg.): Politische Bildung als Wissenschaft. Schwalbach/Ts., S. 20-31

Weißeno, Georg 2002b: Demokratie besser verstehen – Politisches Lernen im Politikunterricht. In: Breit/ Schiele, S. 95-116

Register

A

Abiturprüfung 65
Abstraktion 80, 85
Aktivbürger 52, 58
Aktualität 15, 40, 78, 81, 84, 90, 94, 96, 104, 118
Alltag 48, 108
Analyse 13, 20, 24, 33, 40, 41, 45, 52, 53, 55, 58, 76, 80, 97, 98, 101, 103, 114, 126
Arbeitstechniken 69, 72, 74, 113, 115, 116, 118, 130
Außenperspektive 78
Auswahl 13, 19, 32, 64, 71, 87
Authentizität 46, 47

B

Bedeutsamkeit 31, 48, 54, 103
Bedingungsanalyse 38, 41, 43, 44, 48, 71, 103, 106
Beteiligung 54, 55, 56
Betroffenheit 39, 48, 54, 77, 104
Beutelsbacher Konsens 44, 61, 63, 98, 111, 127
Bürger, demokratischer 51, 52, 73, 75, 132
Bürger, interventionsfähiger 53, 54, 58, 62, 118
Bürger, politisch uninformierter 52, 56, 63, 66
Bürgerrolle 46, 51, 57

D

Demokratie-Lernen 48
Denkaufgabe 60, 67, 106
Denken, zirkuläres 10, 28, 89, 119
Didaktik, geschlechtergerechte 40, 46, 107
Dimensionen des Politischen 16, 18, 33, 88, 91, 92, 93

E

Effizienz 25, 26
Eigeninteresse 25, 49, 93, 104, 110, 111, 116, 129
Einstellung 38, 40, 41, 43
Emotion 25, 38, 40, 48, 49, 54, 74, 85, 113
Entwicklungspsychologie 38
Experte 45

F

Fachunterrichtsforschung, empirische 23
Fall 37, 49, 57, 79, 88, 104, 109, 117
Fallanalyse 49, 77, 96, 114, 116
Fallprinzip 59, 113, 114
Freiheit 50, 51

G

Gegenstandsbereich 13, 14, 19, 29, 30, 91
Gerechtigkeit, soziale 93, 104, 108, 110, 111, 112, 129
Geschlechterforschung 38
Grundbegriff 58, 108
Grundintentionen 32, 33, 35, 124

H

Handeln, politisches 55, 86, 113
Handlungsorientierung 33, 52, 59, 70, 71, 73, 107, 115, 118
Handlungsrahmen 18, 33, 56, 91, 94, 96, 109

I

Implikationszusammenhang 24, 27, 28, 36, 48, 66, 67, 70, 85, 89, 91, 104, 116, 124
Inhalt 13, 29, 32, 50, 68, 126
Innenperspektive 78
Institution 22, 47
Instrumentarium 16, 23, 35, 76
Internet 87
Interpretationskompetenz 11

J

Jugendstudien 38

K

Kategorie 20, 23, 24, 33, 72, 75, 76, 95, 96, 98, 106, 109, 114
Kenntnisse 12, 103, 106, 108
Kern des Politischen 16, 59, 88
Kognition 41, 54
Kompetenz 39, 46, 51, 53, 54, 58, 62, 64, 70, 112
Konflikt 96
Konstruktivismus 42, 109
Kontroversität 59, 95, 114, 118

L

Lebenshilfe 32, 34, 35, 103, 124
Legitimität 25, 26
Lehr-Lern-Prozess 40, 46, 50
Lehrerrolle 44, 47
Lernarrangement 42, 109
Lernebene 37, 81, 82, 83, 109, 116, 124, 129
Lernen, globales 82, 83, 117
Lernen, kategoriales 58, 114
Lernen, politisches 32, 33, 42, 47, 97, 111, 124, 129
Lernen, soziales 32, 34, 35, 74, 102, 111, 113, 124, 129
Lernertyp 40, 41, 75, 107
Lernprozess 39, 70, 72, 83, 84, 85
Lernstrategie 41
Lerntheorie 38, 41, 42
Lernweg 37, 47, 79, 82, 83, 116, 124, 129
Lernziel 60, 61

M

Medien 32, 36, 68, 72, 84, 117
Meinung 46, 47, 56, 109
Methode 32, 36, 42, 68, 70, 71, 110, 115
Methodenlernen 60, 77
Modul 11, 12, 36, 120
Motivation 40, 85, 104, 107, 113, 118
Mündigkeit, politische 51, 58, 118

N

Neue Medien 69
Neutralität 46

O

Orientierungswissen 60, 109, 113

P

Perspektive, politikdidaktische 29, 30, 33, 35, 50, 97, 126
Perspektive, politische 104
Perspektivenübernahme, soziale 78
Plan 10, 11, 12, 61, 64, 89, 119, 122
Planung 10, 11, 12, 30, 61, 63, 89, 119, 120
Planungsdenken 10, 28
Planungselement 11
Planungsentscheidung 10
Politik 15, 16, 17, 18, 19, 23, 98, 99, 101, 106, 107
Politikunterricht, unpolitischer 11, 23, 35, 36
Politikzyklus 16, 17, 18, 19, 33, 88, 91, 94, 96, 114
Problemorientierung 58, 114

R

Richtlinien 28, 48, 63, 64

S

Selbstreflexion 44
Situationssensibilität 11, 44, 120
Sozialisationsforschung, politische 38, 108
Suchinstrumentarium 18, 33

T

Textanalyse 87
Textarbeit 69, 107
Thema 29, 32

U

Überwältigungsverbot 44, 47, 61, 107
Unterrichtsbedingungen 30, 32, 36, 39, 44, 64, 106

Unterrichtsprinzip 58, 124
Unterrichtsthema 38
Urteilsbildung, politische 12, 25, 33, 42, 45, 46, 53, 55, 58, 76, 80, 86, 93, 97, 101, 103, 106, 111, 127, 131
Urteilskriterium 25, 72, 75, 93, 106, 111, 114, 116

V

Vorstellungswelt 37, 59, 77, 82, 104
Vorverständnis 25, 71
Vorwissen 38, 41, 43, 107, 108, 120, 130

W

Werteklärung 110, 112, 131
Werthaltungen 38, 44
Wissen 41, 42, 43, 45, 63, 71, 108, 111, 117
Wissensbestand 43

Z

Ziel 29, 32, 50, 60, 63, 67, 68, 71, 86, 111, 112, 128
Zuschauer, reflektierender 53, 58, 118